Nachhaltig
leben

Bewusst
kaufen,
sinnvoll
verwenden

Alternativen
zum Wegwerfen

Verein für Konsumenteninformation (Hrsg.)
Susanne Wolf

Nachhaltig leben

Impressum

Herausgeber
Verein für Konsumenteninformation (VKI)
Mariahilfer Straße 81, A-1060 Wien
ZVR-Zahl 389759993
Tel. 01 588 77-0, Fax 01 588 77-73, E-Mail: konsument@vki.at
www.konsument.at

Geschäftsführer
Ing. Franz Floss
Dr. Josef Kubitschek

Autorin
Susanne Wolf

Lektorat
Mag. Peter Blazek
Doris Vajasdi

Produktion
Günter Hoy
Edwin Würth

Fotos Textteil
VKI (wenn nicht anders angegeben)

Foto Umschlag
Seamartini Graphics/Shutterstock.com

Druck
Holzhausen Druck GmbH, 1140 Wien

Stand
September 2013

Bestellungen
KONSUMENT, Kundenservice
Mariahilfer Straße 81, A-1060 Wien
Tel. 01 588 774, Fax 01 588 77-72
E-Mail: kundenservice@konsument.at

Bibliografische Information der Deutschen Nationalbibliothek
Die Deutsche Nationalbibliothek verzeichnet diese Publikation in der Deutschen Nationalbibliografie; detaillierte bibliografische Daten sind im Internet über http://dnb.d-nb.de abrufbar.

Verein für
Konsumenteninformation
ISBN 978-3-99013-028-5

€ 14,90

Umfragen besagen, dass über die Hälfte der Verbraucher an nachhaltigem Konsum interessiert sind – allerdings setzen nur zehn Prozent der Befragten dieses Anliegen auch in die Praxis um. Dass die Macht der Konsumenten größer ist, als viele glauben, ist unter Wirtschaftsethikern bereits bewiesen. Zahlreiche Beispiele zeigen, dass Konsumenten durch gezielten Kauf bzw. Boykott Einfluss auf Produkte am Markt nehmen können. Eines der bekanntesten ist der Shell-Boykott von 1995, bei dem unzählige Käufer auf die von Shell angekündigte Entsorgung des schwimmenden Öltanks Brent Spar reagierten. Shell musste schließlich einlenken.

Viele Verbraucher haben das Gefühl, als Einzelne nichts ändern zu können – doch je mehr Menschen nachhaltige Produkte kaufen, desto mehr Anbieter werden von konventioneller Produktion auf nachhaltige umsteigen. Mit positiven Effekten auf Mensch und Natur. Fairtrade- oder Bio-Produkte mögen in manchen Fällen teurer sein als herkömmliche, doch das können Konsumenten durch einen bewussten Lebensstil in anderen Bereichen ausgleichen. Wie das gelingt, erfahren Sie in diesem Buch.

Darüber hinaus werden folgende Fragen beantwortet: Was genau bedeutet Nachhaltigkeit für den Konsumenten? Geht es alleine um bewussten Konsum und Lebensstil? Jeder von uns kann mit dem Kauf von ausgewählten Produkten, durch (teilweisen) Verzicht auf das Auto oder mit dem Konzept „Nutzen statt besitzen" einen Beitrag für die Umwelt und für faire Arbeitsbedingungen in den Herstellerländern leisten. Ganz ohne Einschränkung der Lebensqualität. Wer mehr tun möchte, hat ebenfalls vielfältige Möglichkeiten: Proteste gegen ausbeuterische Unternehmen, Unterstützung von NGOs, Teilnahme an Petitionen oder eine Vernetzung mit Gleichgesinnten über soziale Netzwerke sind nur einige Beispiele – die Kontaktadressen der Organisationen und Netzwerke finden Sie im Serviceteil.

Dieses Buch liefert eine reichhaltige Sammlung von Tipps für einen verantwortungsvollen Lebensstil. Jeder kann daraus das für ihn Passende auswählen und selbst entscheiden, wie weit er gehen kann bzw. will. So können wir alle einen Beitrag leisten, um diese Welt ein bisschen besser zu machen.

Inhalt

Nachhaltigkeit – was bedeutet das eigentlich?

Am Begriff „nachhaltig" kommt man heute kaum noch vorbei – jedes Unternehmen, das etwas auf sich hält, heftet ihn sich auf seine Fahnen; und immer mehr Konsumenten legen Wert auf Nachhaltigkeit in der Produktion. Doch wie wird „nachhaltig" definiert?

Ursprünge in der Forstwirtschaft

Die ursprüngliche Definition des Begriffs Nachhaltigkeit stammt aus der Forstwirtschaft: „Nachhaltigkeit der Nutzung" bezeichnet hier die Bewirtschaftungsweise eines Waldes, bei der immer nur so viel Holz entnommen wird, wie nachwachsen kann. David Munro, Generaldirektor der Internationalen Naturschutzunion, verwendete den Begriff „sustainable development" erstmals im Jahr 1980. Später fand diese Formulierung den Weg in die Agenda 21 der Konferenz der Vereinten Nationen über Umwelt und Entwicklung; und schließlich in die Umweltpolitik als „nachhaltige Entwicklung".

Dass es aber um mehr als um reinen Umweltschutz geht, zeigt das Drei-Säulen-Modell der nachhaltigen Entwicklung: Es geht von der Vorstellung aus, dass nachhaltige Entwicklung nur durch das gleichzeitige und gleichberechtigte Umsetzen von umweltbezogenen, wirtschaftlichen und sozialen Zielen erreicht werden kann.

- **Ökologische Nachhaltigkeit.** Sie orientiert sich am stärksten am ursprünglichen Gedanken, keinen Raubbau an der Natur zu betreiben. Ökologisch nachhaltig wäre eine Lebensweise, die die natürlichen Lebensgrundlagen nur in dem Maße beansprucht, wie diese sich regenerieren.
- **Ökonomische Nachhaltigkeit.** Eine Gesellschaft sollte wirtschaftlich nicht über ihre Verhältnisse leben, da dies zwangsläufig zu Einbußen für die nachkommenden Generationen führen würde. Allgemein gilt eine Wirtschaftsweise dann als nachhaltig, wenn sie dauerhaft betrieben werden kann.
- **Soziale Nachhaltigkeit.** Ein Staat oder eine Gesellschaft sollte so organisiert sein, dass sich die sozialen Spannungen in Grenzen halten und Konflikte nicht eskalieren, sondern auf friedlichem und zivilem Wege ausgetragen werden können.

Nachhaltigkeit

Ökonomie Ökologie Soziales

Drei-Säulen-Modell
(Quelle: Spindler, Geschichte der Nachhaltigkeit)

Engagierte Fachleute plädieren zunehmend für eine Weiterentwicklung des Drei-Säulen-Modells, weil bei diesem die Ökonomie immer noch dominierend sei. Stattdessen sollte eine sozial-ökologische Transformation angestrebt werden, bei der klassische Wirtschaftsziele in den Hintergrund rücken. Wohlergehen sollte das Wirtschaftswachstum als oberste Maxime ablösen. Auf das hier vorliegende Buch umgelegt bedeutet das: Nachhaltiger Konsum und Lebensstil schont nicht nur unsere Umwelt, unterstützt nicht nur die Menschen, die unsere Nahrungsmittel und Güter produzieren, sondern nützt auch uns selbst, indem wir bewusster und zufriedener leben.

Ein weltweites Anliegen

Nachhaltige Entwicklung wurde 1997 als grundlegendes Ziel der Europäischen Gemeinschaft im Vertrag von Amsterdam verankert und stellt eines der Hauptziele der EU dar. Im Rahmen der Europäischen Nachhaltigkeitsstrategie haben die Mitgliedstaaten den Auftrag, Ziele festzusetzen und Projekte zu unterstützen, mit denen diese Strategie umgesetzt werden kann. Im Bereich der Ökologie geht es um die Förderung von kurzen Transportwegen, Abfallminimierung, umweltschonende Produktion, sparsamen Gebrauch der Energie, Recycling und dergleichen. Zur sozialen Säule zählen Maßnahmen und Initiativen in Richtung Vollbeschäftigung, Beschäftigung von älteren Arbeitskräften, Kinderbetreuung, Gleichstellung sowie die Unterstützung von fairen Produktions- und Handelsbedingungen auch in außereuropäischen Staaten.

Die EU fördert nachhaltige Entwicklung

Die Österreichische Nachhaltigkeitsstrategie formuliert insgesamt 20 Ziele in den Bereichen Lebensqualität, Österreich als dynamischer Wirtschaftsstandort, Lebensräume Österreichs sowie die Verantwortung des Landes in Europa und der ganzen Welt.

Die Millenniumsziele (englisch: Millennium Development Goals, MDGs) sind acht Entwicklungsziele, die im Jahr 2001 von einer Arbeitsgruppe aus Vertretern der Vereinten Nationen, der Weltbank, des IWF und dem Entwicklungsausschuss der OECD formuliert wurden und bis 2015 umgesetzt werden sollen. MDG-Ziel 7 will „eine nachhaltige Umwelt" gewährleisten:

• Die Grundsätze der nachhaltigen Entwicklung sollen in der nationalen Politik übernommen werden, dem Verlust von Umweltressourcen soll Einhalt geboten werden.

- Die Zahl der Menschen, die über keinen nachhaltigen Zugang zu gesundem Trinkwasser verfügen, soll um die Hälfte gesenkt werden.
- Bis zum Jahr 2020 sollen wesentliche Verbesserungen der Lebensbedingungen von zumindest 100 Millionen Slumbewohnern erzielt werden.

Ökologischer Fußabdruck

Das Konzept des ökologischen Fußabdrucks wurde 1994 von Mathis Wackernagel und William Rees entwickelt. Er gibt in Hektar an, wie viel Fläche jemand aufgrund seines Konsumverhaltens zur Befriedigung seiner Bedürfnisse benötigt. Das schließt Flächen ein, die zur Produktion von Kleidung, Nahrung und anderen erforderlichen Dingen bzw. zur Bereitstellung von Energie benötigt werden. Der größte Faktor im ökologischen Fußabdruck ist der Ausstoß von Treibhausgasen (55 Prozent), der seit 1961 weltweit auf den elffachen Wert gestiegen ist.

Der ökologische Fußabdruck der Menschheit beträgt heute 18 Milliarden globale Hektar oder 2,7 Hektar pro Person – die Kapazität des Planeten fasst aber nur 12 Milliarden Hektar oder 1,8 Hektar/Mensch. Österreich befindet sich beim ökologischen Fußabdruck auf Platz 17. Er ist seit 2005 um sechs Prozent gewachsen; der Konsum der Österreicher beansprucht 44 Millionen globale Hektar. In den USA ist der ökologische Fußabdruck etwa fünf Mal so groß wie in den ärmeren Ländern Afrikas.

Der World Wide Fund for Nature (WWF) veröffentlicht alle zwei Jahre den globalen Umweltbericht „Living Planet Report". Der Bericht beschreibt die Artenvielfalt, unseren ökologischen Fußabdruck und den Wasserverbrauch. Derzeitiger Stand: Es dauert eineinhalb Jahre, bis unsere Erde die natürlichen Ressourcen ersetzen kann, die wir in einem Jahr konsumieren. Wir brauchen also derzeit einen halben Planeten mehr, als wir zur Verfügung haben. Nach heutigem Stand werden wir bis 2030 zwei Planeten für unseren Konsum brauchen, 2050 beinahe drei Planeten.

Kudryashka/Shutterstock.com

Klima im Umbruch

Die schwerwiegenden Folgen dieser verantwortungslosen Grundhaltung zeigen sich vor allem im Klimawandel. Das vergangene Jahrzehnt war laut Umweltbundesamt das wärmste seit Beginn der Aufzeichnungen. Dass der Mensch der Hauptverursacher des Klimawandels ist, hat eine Auswertung aller Studien zu diesem Thema belegt: 97 Prozent davon sehen die Schuld beim Menschen. Die Ursache steht längst fest: der enorme CO_2-Ausstoß, den die Menschheit tagtäglich verursacht. Das Treibhausgas sorgt dafür, dass sich die Erdatmosphäre immer schneller erwärmt. Hauptverursacher des weltweiten CO_2-Ausstoßes sind Industrie, Verkehr und – zum Teil illegale – Brandrodungen von Regenwäldern.

Die Folge: Die Temperaturen steigen an, Wetterkapriolen häufen sich, der Meeresspiegel steigt. Der Präsident des pazifischen Inselstaates Kiribati hat bereits im Jahr 2008 bei Australien und Neuseeland offiziell um die Anerkennung seiner mehr als 100.000 Bürger als permanente Flüchtlinge angesucht. Hintergrund: Der steigende Meeresspiegel wird bis spätestens Ende dieses Jahrhunderts den Inselstaat überflutet haben. Die ersten beiden (unbewohnten) Inseln des Kiribati-Archipels sind bereits im Meer versunken, andere Inseln wie die Malediven oder Tuvalu werden folgen. Laut Prognosen des Centre for Australian Weather and Climate Research ist es sehr wahrscheinlich, dass der Meeresspiegel um weitere 40 bis 50 Zentimeter steigt.

Liunian/Shutterstock.com

Doch es besteht noch Hoffnung: Experten sind sich einig, dass das Schlimmste noch verhindert werden kann, wenn so schnell wie möglich Maßnahmen zur Verringerung des weltweiten Kohlendioxid-Ausstoßes gesetzt werden. Bis zum Jahr 2015 müsste der Höhepunkt der Emissionen erreicht sein und anschließend der Ausstoß stark abfallen. Bis zum Jahr 2050 müsste der Ausstoß nach Berechnungen des Weltklimarates auf unter zwei Tonnen CO_2 pro Kopf gesunken sein. Sonst wäre ein sich selbst verstärkender Klimawandel nicht zu stoppen. Um dem vorzubeugen, ist es notwendig, die Verwendung von fossilen Energieformen wie Erdöl, Erdgas oder Steinkohle zu reduzieren und die Energieversorgung umzustellen – weg von fossilen, hin zu erneuerbaren Energien. Eine weitere wichtige Maßnahme ist der Schutz der Urwälder, die als grüne Lunge der Erde gewaltige Mengen an Kohlendioxid speichern.

Nachhaltigkeit um jeden Preis?

hacohab, Yellowj, haveseen/Shutterstock.com

Bei vielen Konzernen ist Grünfärben angesagt

Jedes Unternehmen, das etwas auf sich hält, hat heute eine eigene Abteilung für CSR (Corporate Social Responsibility) – das bewusste und freiwillige Streben von Unternehmen, soziale und ökologische Ziele mit dem wirtschaftlichen Handeln in Einklang zu bringen. Doch mit dem Anspruch auf mehr Nachhaltigkeit steigt auch die Zahl der PR-Methoden, die einem Unternehmen in der Öffentlichkeit ein umweltfreundliches und verantwortungsbewusstes Image verleihen sollen – zum Teil mit unlauteren Mitteln. Laut der Umweltorganisation Greenpeace ist Greenwashing (Grünfärberei) „die Irreführung von Konsumenten über die ökologischen Geschäftsmethoden eines Unternehmens oder die ökologischen Vorteile eines Produktes". Und Irreführung steht bei vielen Unternehmen ganz oben auf der Liste. So änderte der britische Mineralölkonzern BP bereits im Jahr 2007 seinen Namen von British Petroleum auf Beyond Petroleum („Jenseits des Öls") und ließ medienwirksam Solarstromanlagen auf einigen Tankstellen installieren. Das „Helios-Symbol", das neue Logo in Form einer grün-gelben Blume, sollte dem Unternehmen einen umweltfreundlichen Anstrich verleihen. Die Ölkatastrophe im Golf von Mexiko im Jahr 2010 und viele ähnliche Vorfälle zeigen jedoch vor allem eines: Die Nutzung von fossilen Brennstoffen wie Erdöl ist alles andere als umweltfreundlich.

Auf unübersichtliche oder falsch informierende Werbemaßnahmen reagiert mittlerweile eine ganze Reihe von Organisationen. Foodwatch und abgespeist.de etwa nehmen sich regelmäßig Lebensmittel vor, die als gesundheitsförderlich dargestellt werden, und vergeben für die schlimmsten Werbelügen den Preis des „Goldenen Windbeutels". Der „Klima-Lügendetektor" (► Weblinks am Kapitelende) entlarvt irreführende Werbekampagnen. Claudia Sprinz, Konsumentensprecherin von Greenpeace, empfiehlt kritischen Konsumenten, genau hinzusehen: Wie transparent ist ein Unternehmen? Je mehr Infos auf einer Homepage zu finden sind, desto besser. Wird das Unternehmen von externen Stellen überprüft? Gibt es unabhängige Zertifizierungen?

foodwatch

Die Macht der Konsumenten

Umfragen besagen, dass über die Hälfte der Verbraucher an nachhaltigem Konsum interessiert sind – aber nur zehn Prozent der Befragten dieses Anliegen auch in die Praxis umsetzen. Warum das so ist und wie Konsumenten mehr Verantwortung übernehmen können, erklärt Dr. Ludger Heidbrink, Herausgeber des Buches „Die Verantwortung des Konsumenten".

Warum ist die Kluft zwischen den Konsumenten, die Interesse an nachhaltigem Konsum zeigen, und denen, die das tatsächlich umsetzen, so groß?
Die Verbraucher bekommen einerseits zu wenige Informationen, andererseits ist das Angebot an Gütesiegeln sehr groß. Das verwirrt. Dazu kommt der Glaube, dass nachhaltiger Konsum automatisch teuer sei, und das weitverbreitete Denken, „dass sich die Politik darum kümmern müsse".

Was ist dran an dem Argument, dass nachhaltiger Konsum teuer ist?
Es stimmt schon, dass beispielsweise Bio- oder Fairtrade-Produkte häufig mehr kosten, aber durch bewussten Konsum lässt sich ja auch wieder Geld einsparen – etwa, indem ich mir immer wieder die Frage stelle: „Brauche ich das wirklich?"

Ludger Heidbrink
Professor für Corporate Citizenship und Responsibility (gesellschaftliches Engagement und Verantwortung von Unternehmen) an der Universität Witten/Herdecke

Weit verbreitet ist auch die Meinung, dass man als Einzelner sowieso nichts bewirken kann.
Das stimmt so natürlich nicht, denn wenn viele Konsumenten beispielsweise Fairtrade-Produkte kaufen, wird sich das auf den Handel und die Bauern in den Anbauländern auswirken.

Wie sehen Sie die Rolle Österreichs bzw. der EU angesichts der Umweltsünden großer Länder wie den USA oder China?
Natürlich muss das Bewusstsein für Umweltschutz und Nachhaltigkeit in diesen Ländern noch wachsen und die EU kann hier sicherlich eine Vorreiterrolle einnehmen.

Wie könnte man einen Bewusstseinswandel vorantreiben?
Wichtig wäre beispielsweise, schon in der Schule mit Bewusstseinsbildung zu beginnen. Es bräuchte mehr Kampagnen und Aufklärung. Die Aufgabe der Politik ist es, eindeutige Labels und die klare Kennzeichnung von nachhaltigen Produkten voranzutreiben. Die EU hat mit der Verbraucheragenda für den mündigen Verbraucher bereits einen ersten Schritt gesetzt. Sie soll die Teilhabe der europäischen Bürger am Binnenmarkt stärken und ihr Vertrauen in den Markt erhöhen.

Links

WWF Living Planet Report
www.wwf.at/de/living-planet-report-2012

Plattform footprint
www.footprint.at

Hier können Sie Ihren ökologischen Fußabdruck errechnen
www.mein-fussabdruck.at

Das österreichische Nachhaltigkeitsportal
www.nachhaltigkeit.at

Österreichische Nachhaltigkeitsstrategie
www.bmwfj.gv.at/Wirtschaftspolitik/Nachhaltigkeit

Foodwatch
www.foodwatch.org/de

Abgespeist
www.abgespeist.de

Klima-Lügendetektor
www.klima-luegendetektor.de

Anti-Greenwashing-Kampagne von Greenpeace International
http://stopgreenwash.org

Checkliste für Unternehmen
www.greenpeace.org/austria/de/themen/konsum/Loesungen/
    Verantwortungsvolle-Unternehmen

Europäische Verbraucheragenda
http://ec.europa.eu/deutschland/press/pr_releases/10668_de.htm

Natürlich und fair

„Du bist, was du isst." Dieses alte Sprichwort trifft heute mehr denn je auf unsere Essgewohnheiten zu. Denn mit jedem Kauf von Obst, Gemüse oder Fleisch treffen wir eine Entscheidung: für Lebensmittel aus der Region und gegen lange Transportwege. Für Bio-Qualität und damit auch für den Schutz der Umwelt. Oder für fair gehandelte Produkte, die bessere Lebens- und Arbeitsbedingungen für Produzenten in Ländern des Südens garantieren.

Obst und Gemüse aus der Region

Hierzulande sind wir es gewohnt, zu jeder Jahreszeit Obst und Gemüse in reicher Vielfalt vorzufinden: Im Winter gibt es Erdbeeren aus Spanien, im Frühjahr Weintrauben aus Südafrika. Weite Transportwege und ein hoher Energieaufwand bei der Lagerung sind dafür notwendig. Die Folge: 20 Prozent der klimaschädlichen CO_2-Emissionen werden durch den Transport von Lebensmitteln erzeugt. Um die langen Transportwege zu überstehen, werden oft unreife Früchte geerntet, die dann unterwegs oder erst später in Lagerhäusern nachreifen.

Beispiel Erdbeeren: Übers Jahr gesehen wird jede zweite in Österreich gekaufte Erdbeere importiert. Schon im Jänner gibt es bei uns die ersten spanischen Früchte. Die unschönen Nebenerscheinungen: Der hohe Wasserbedarf der Pflanzen macht im trockenen Süden Spaniens eine intensive Bewässerung erforderlich. Für ein Kilo Erdbeeren werden dort bei der Produktion 276 Liter Wasser verbraucht. Und das in einer dicht besiedelten Region, die vom Klimawandel besonders betroffen ist und jährlich von Dürren geplagt wird.

Warum eigentlich in die Ferne schweifen, wenn das Gute doch so nah liegt? Saisonales Obst und Gemüse aus der Region ist nicht nur frisch, voll ausgereift und enthält mehr Vitamine und Mineralstoffe als weit gereistes, es ist in der Regel auch günstiger und unterstützt die Nahversorger.

Dynamicfoto/Shutterstock.com

Bereits neun von zehn Österreichern greifen bevorzugt zu Lebensmitteln aus der Region, so das Ergebnis einer vom Lebensministerium in Auftrag gegebenen Studie. Als Hauptgründe dafür werden Frische (80 Prozent), Qualität (79 Prozent), guter Geschmack (77 Prozent) und die Natürlichkeit (65 Prozent) der heimischen Produkte genannt.

Heimische Herkunft garantiert?

Wer bei Lebensmitteln sichergehen will, dass sie wirklich aus Österreich stammen, kann sich am AMA-Gütesiegel orientieren. Es garantiert, dass mindestens zwei Drittel der Rohstoffe aus Österreich sind. Der Toleranzbereich für ein Drittel gilt nur in Ausnahmefällen: wenn Inhaltstoffe nicht in Österreich herstellbar sind, also z.B. die Bananen im Fruchtjoghurt. Weiters müssen bestimmte Qualitätsanforderungen erfüllt sein, die über die gesetzlichen Bestimmungen hinausgehen.

Das AMA-Gütesiegel ist allerdings kein Garant für Gentechnikfreiheit. Genmodifiziertes Soja wird auch an österreichische Nutztiere massenhaft verfüttert.

Das AMA-Gütesiegel sollte nicht mit dem österreichischen Bio-Zeichen verwechselt werden, das häufig verkürzt AMA-Biozeichen genannt wird (▶ Seite 26). Für Bio-Produkte sind wesentlich strengere Kriterien zu erfüllen als für das AMA-Gütesiegel.

Nebenwirkungen des Fleischkonsums

Der weltweite Fleischkonsum hat sich in den letzten 40 Jahren mehr als verdoppelt. In Österreich werden laut Statistik Austria (2010) pro Kopf und Jahr 66,3 Kilogramm Fleisch konsumiert. Das sind pro Woche rund 1,3 kg für jeden. Ernährungsexperten empfehlen schon aus rein gesundheitlichen Gründen eine Reduktion um mindestens die Hälfte. Wer gerne Fleisch isst, sollte sich Folgendes vor Augen halten:

- Weltweit werden jährlich mehr als 250 Millionen Tonnen Fleisch erzeugt. Dafür werden rund 38 Prozent der Getreideernte und 80 Prozent der Sojaernte an landwirtschaftliche Nutztiere verfüttert (Österreich importiert jährlich rund 550.000 Tonnen Soja für Tierfutter). Dadurch wird ein stetig wachsender Anteil der verfügbaren Ackerflächen für die Produktion von Futtermitteln benötigt. Der häufig notwendige hohe Einsatz von chemischen Düngemitteln und Pestiziden bei Monokulturen im Futteranbau (z.B. Mais) belastet Böden und Gewässer.
- Die Fleischerzeugung ist darauf ausgerichtet, große Mengen zu möglichst geringen Kosten zu produzieren. Das zieht nach sich, dass viele Tiere auf wenig Platz in möglichst kurzer Zeit gemästet werden. Daher wird diese Form der Tierhaltung auch als „Intensivtierhaltung" oder „industrielle Tierhaltung" bezeichnet – mit teils

Der weltweite Fleischkonsum steigt

Rob.kemp/Shutterstock.com

Noch ein paar Zahlen gefällig?

- Laut FAO (Food and Agriculture Organization) verursacht die industrialisierte Form der Landwirtschaft 30 Prozent der weltweit ausgestoßenen Treibhausgase, davon wiederum gehen 40 Prozent auf das Konto der Fleischproduktion.
- Künstliche Düngemittel setzen große Mengen an Lachgas (Distickstoffoxide) frei – Lachgas belastet das Klima 300-mal mehr als CO_2.
- 70 Prozent der weltweit gerodeten Regenwaldflächen werden für Weiden und die Produktion von Nutztierfutter eingesetzt.
- Die weltweiten Methanemissionen stammen zu 20 Prozent von verdauenden Wiederkäuern. Methan ist 25-mal schädlicher für das Klima als CO_2.
- Die Folgen für Entwicklungsländer sind schwerwiegend: Je mehr Getreide die Bauern für den Futtermittelexport anbauen, desto weniger Produktionsfläche bleibt ihnen für die eigene Versorgung.
- Ein Bericht der FAO geht von einer nochmaligen Verdoppelung des Fleischbedarfs bis 2050 aus.

untragbaren Bedingungen für die Tiere. Ein Verbot für den Einsatz von Antibiotika gibt es in der EU nur im Bereich der Tiermast, nicht aber bei kranken Tieren. Es gibt auch keine genauen Regelungen betreffend den Gebrauch von Antibiotika.
- Durch konventionelle Zucht- und Mastmethoden leidet die Qualität des Fleisches extrem. Billiges Fleisch aus Massentierhaltung ist oft blasser und wässriger und wird beim Braten schnell trocken.

Palmöl ist überall –
mit schlechtem Beigeschmack

Wir streichen es aufs Brot und wir cremen uns damit ein: Die Zahl der Produkte, die Palmöl enthalten, ist stark angestiegen. Der Verbrauch von Palmöl verdoppelte sich in den letzten 10 Jahren auf 30 Millionen

Tonnen. Der größte Anteil wird für Nahrungsmittel verwendet (71 Prozent), gefolgt von Kosmetika und Waschmitteln (24 Prozent). Das Öl wird als Grundstoff für Margarine, Schokolade, Tiernahrung und Fertiggerichte verwendet, ebenso für Seifen und Lotionen. Zunehmend kommt Palmöl auch bei der Herstellung von Biodiesel zum Einsatz. Weltweit ist es das billigste und am meisten verwendete Pflanzenöl, 32 Prozent des globalen Bedarfs werden damit gedeckt. Das hat Nebenwirkungen: Da Ölpalmen fast ausschließlich dort wachsen, wo sonst Regenwälder gedeihen, fallen Millionen Hektar an Regenwald der Palmölindustrie zum Opfer.

83 Prozent des global gehandelten Palmöls kommen aus den südostasiatischen Ländern Indonesien und Malaysia. Mit der Entwicklung der Plantagenflächen sind extrem hohe CO_2-Emissionen verbunden: Um eine Plantage anlegen zu können, wird zuerst der Urwald abgeholzt, dann erfolgt die Brandrodung. Die kohlenstoffreichen Torfböden werden entwässert, das darin gespeicherte CO_2 entweicht in die Atmosphäre. Die Folge: Indonesien ist bereits für ca. 8 Prozent der globalen Treibhausgasemissionen verantwortlich und steht damit hinter China und den USA an dritter Stelle. Und immer mehr Menschen werden wegen des Palmöls vertrieben: Allein in Indonesien sind in diesem Zusammenhang 5.000 Landkonflikte bekannt. Gemeinsam mit den ansässigen Völkern verschwinden die letzten Orang-Utans auf Borneo, deren Lebensraum durch die Abholzung verloren geht.

Palmöl ist in vielen Nahrungsmitteln, Kosmetika und Waschmitteln enthalten

Die Mär vom nachhaltigen Palmöl

Der WWF hat 2004 den Roundtable on Sustainable Palm Oil (RSPO) ins Leben gerufen, dem Palmöl-Produzenten, Unternehmen und Banken, aber auch Nichtregierungs-Organisationen wie der WWF selbst und Oxfam angehören. Ziel des Roundtable ist es, möglichst viele zur Einhaltung von Mindeststandards zu bewegen – allerdings auf freiwilliger Basis. Der RSPO gilt daher nicht als Gütesiegel und die damit verbundenen Greenpalm-Zertifikate geben keine Garantie für nachhaltig erzeugtes Palmöl. Nach massiver Kritik von Umweltschutzorganisationen räumt der WWF auf seiner Homepage nun ein, dass der RSPO „kein Öko-Label, sondern eine Mindestanforderung" sei.

Eine Kenn-
zeichnungspflicht
für Palmöl kommt
2014

RSPO-Palmöl und Bio-Palmöl werden oft in einen Topf geworfen. Aber: RSPO-Palmöl ist konventionell erzeugtes Öl. Beim Palmenanbau werden Kunstdünger und Pestizide eingesetzt. Bio-Palmöl dagegen wird nach den Regeln des ökologischen Landbaus erzeugt: ohne chemische Hilfsmittel, aber großteils ebenfalls auf Plantagen. Diese liegen nicht in Südostasien, sondern fast ausschließlich in Südamerika, und gehören zwei Unternehmen: Daabon in Kolumbien und Agropalma in Brasilien. In deren Anbaugebieten gibt es keinen Regenwald, da das Klima zu trocken ist – die Palmen gedeihen dank künstlicher Bewässerung mit dem Wasser der nahegelegenen Gebirgsflüsse. Das Bio-Palmöl der Marken Alnatura und Rapunzel stammt vom Unternehmen Daabon. Weitere Bio-Labels sind Bio-Suisse, Manor Bio Natur Plus, Migros Bio und Demeter. Diese Marken folgen Richtlinien, welche die Rodung von Flächen mit hohem Schutzwert verbieten. Das Palmöl in Fairtrade-Schokoprodukten und -Keksen muss ebenfalls bio-zertifiziert sein.

Auf den meisten Produkten ist Palmöl übrigens nicht deklariert. Die EU hat zwar im November 2011 eine Kennzeichnungspflicht für Lebensmittel beschlossen, doch es gilt eine dreijährige Übergangsfrist: Die neue Lebensmittelinformationsverordnung (LMIV) tritt mit 14.12.2014 in Kraft. Bis dahin versteckt sich das umstrittene Öl hinter allgemeinen Begriffen wie „pflanzliches Öl" oder „pflanzliches Fett". Alternativen sind Produkte, bei denen als Zutat Raps- oder Sonnenblumenöl angegeben ist.

Bio-Palmöl aus Ghana

Das Danieama Sustainable Palm Oil Project wurde von Dr. Bronner, einem Hersteller von Naturseifen und natürlichen Körperpflegeprodukten aus den USA, initiiert. Auf dessen Website heißt es: „Wir wollen zeigen, dass Kleinbauern Palmöl zu fairen Preisen nachhaltig und profitabel anbauen können." Die EZA, Österreichs größte Fairtrade Importorganisation, verwendet für Schokoriegel, Kekse und Schokoaufstriche fair gehandeltes Bio-Palmöl aus Ghana. Heute sind das Projekt und seine maßgeblichen Akteure in Ghana IMO Fair-for-Life-zertifiziert. Angebaut werden die Ölpalmen von organisierten Kleinproduzenten, die Verarbeitung zu Öl erfolgt in einer Presse vor Ort. Das Palmöl wird auch für die Erzeugung nachhaltiger Kosmetikprodukte der Marke Dr. Bronner verwendet.

Alles besser in der Bio-Landwirtschaft?

Österreich hat die strengsten Bio-Gesetze innerhalb der EU: In Österreich gibt es rund 21.500 Bio-Landwirtschaftsbetriebe, die nach der EU-Bio-Verordnung ungefähr 19,8 Prozent der landwirtschaftlichen Flächen bewirtschaften. In 85 Prozent der Bio-Betriebe werden Nutztiere gehalten, in Summe sind das 352.800 Rinder, 85.600 Schafe, 67.200 Schweine und 1,1 Millionen Stück Geflügel. Beinahe ein Fünftel aller in Österreich gehaltenen Rinder, aber nur 2 Prozent der Schweine stammen aus Bio-Landwirtschaft.

Der Selbstversorgungsgrad bei Fleisch lag 2008 bei 108 Prozent, was bedeutet, dass in Österreich mehr Fleisch produziert als verbraucht wird (Quelle: Grüner Bericht 2009).

Da die Bio-Branche stark gewachsen ist und häufig die großen Betriebe die kleinen zugrunde richten, gibt es leider auch hier Missstände. Immer wieder werden Vorschriften, die für Bio-Tierhaltung gelten, durch Ausnahmeregelungen umgangen. Es kommt letztendlich auf den Betriebsleiter und das Management im Betrieb an. Um ganz sicherzugehen, müsste man den Betrieb selbst kennen und sich vergewissern, dass es den Tieren dort gut geht.

Trotzdem ist die biologische Landwirtschaft die deutlich bessere Alternative: Durch die Entscheidung, Bio-Fleisch zu kaufen, setzt der Konsument einen bewussten Schritt Richtung tierfreundliche und ökologische Landwirtschaft. Längerfristig muss die Landwirtschaft mit einem verbesserten Angebot darauf reagieren.

Bio ist die bessere Alternative

Grundsätze der Bio-Tierhaltung

- Die Anzahl der Bio-Tiere, die pro Flächeneinheit gehalten werden darf, ist limitiert. Überdüngung und Nährstoffauswaschungen ins Grundwasser sind zu vermeiden.
- Bio erlaubt keine Maßnahmen wie das Stutzen von Schnäbeln, Schwänzen und Zähnen.

Beim Bio-Anbau
gelten strenge
Regeln

- Bio-Tiere sind artgerecht untergebracht und müssen Zugang zu einem Auslauf bzw. Weidegang haben.
- In der Bio-Fütterung ist die Menge an Kraftfutter (Getreide, Mais, Soja), die in der Futterration eingesetzt werden darf, limitiert. Gründe: artgerechte Fütterung, präventive Tiergesundheit, Verlängerung der Nutzungsdauer.
- Bio ist frei von Gentechnik.
- Bei Bio-Tieren ist der vorbeugende Einsatz von Medikamenten verboten. Im Krankheitsfall werden Antibiotika zwar vor allem in der Bio-Massentierhaltung eingesetzt, die Auflagen sind allerdings strenger als in der konventionellen Landwirtschaft. Nur wenn natürliche Heilverfahren nicht ausreichen, dürfen Antibiotika eingesetzt werden.
- Bio garantiert strenge Kontrollen durch staatlich autorisierte Kontrollstellen: Bio-Bauern, Verarbeiter, Lieferanten und Händler von Bio-Produkten werden mindestens einmal jährlich auf die Einhaltung aller einschlägigen Bestimmungen kontrolliert.
- Bio-Lebensmittel im Allgemeinen enthalten laut zahlreichen Studien mehr gesundheitsfördernde Inhaltstoffe wie Vitamine und Mineralstoffe. Das Fleisch von biologisch gehaltenen Rindern weist eine günstigere Zusammensetzung der Fettsäuren auf.
- Bio-Wurst enthält keine Geschmacksverstärker wie z.B. Glutamat. Hefeextrakt (rechtlich gesehen kein Zusatzstoff) kann hingegen als Geschmacksverstärker eingesetzt werden

Bio boomt

Österreich liegt
bei bio auf Platz 1

Fast 20 Prozent der landwirtschaftlichen Fläche Österreichs werden bereits biologisch bewirtschaftet. Damit steht Österreich weltweit an erster Stelle im Bio-Landbau. Und die Chancen, dass sich dieser Flächenanteil in den nächsten Jahren noch kräftig erhöht, stehen gut, denn die Nachfrage ist groß. Neun von zehn Österreichern, sagt die Statistik, kaufen zumindest hin und wieder Bio-Produkte. Die meisten gehen dafür in den Supermarkt: An die 70 Prozent aller Bio-Umsätze werden in den Filialen der großen Ketten gemacht. Den höchsten Bio-Anteil im Lebensmittel-

Besuch am Bio-Hof Bieregger

Tausende von Wildhühnern werden auf der Bio-Hühnerfarm der Familie Bieregger im oberösterreichischen Unterhart aufgezogen. Die Lebensbedingungen am Biohof unterscheiden sich wesentlich von denen auf konventionellen Hühnerfarmen: Maximal zehn Hennen teilen sich hier einen Quadratmeter, zusätzlich ist ein Auslauf von vier Quadratmetern vorgesehen. „Hühner spazieren gerne herum, sie scharren und picken und lieben Staubbäder", erklärt die Bio-Bäuerin. Die Stallfläche ist weich eingestreut, in die Streu werden regelmäßig Getreidekörner eingebracht, damit die Hühner darin herumpicken und so die Einstreu auflockern können. „Wildhühner schmecken besonders gut, weil ihr Brustfleisch saftiger ist als das von anderen Hühnern", erzählt Frau Bieregger stolz. Konventionelle Masthühner werden auf extreme Fleischleistung gezüchtet: Nach etwa fünf Wochen haben sie das Schlachtgewicht von 1,7 kg erreicht. Bio-Freilandhühner dagegen wachsen auf natürliche Weise und daher langsamer, die Mastperiode dauert neun bis elf Wochen. Durch die Bewegung, die sie machen, sind ihre Knochen kräftiger und das Fleisch ist besser durchblutet. Das macht sich in der Farbe, der Fleischqualität und vor allem im Geschmack bemerkbar. Bio-Hennen bekommen grundsätzlich nur Futter aus biologischer Landwirtschaft, das zusätzlich gentechnikfrei sein muss. Erst seit eine Supermarktkette zu ihren Abnehmern zählt, zahlt sich das Geschäft für Familie Bieregger aus. „Es ist ein ständiger Kampf zwischen dem Anstieg der Futterpreise und nachhinkenden Hühnerpreisen. Die Kosten sind oft höher als der Verdienst." Trotzdem ist die Bäuerin von ihrer Arbeit überzeugt. Und sie profitiert von ihrer Erfahrung als Krankenschwester: „Ein vorbeugender Einsatz von Antibiotika oder Antiparasitenmitteln ist in der biologischen Landwirtschaft verboten. Da ich auch nicht viel von Impfungen halte, setze ich lieber Kräutermischungen gegen Durchfall und Homöopathie gegen Kokzidiose (eine parasitäre Erkrankung) ein." Die strengen Bio-Richtlinien werden regelmäßig von Kontrolleuren überprüft; zusätzlich müssen Bio-Bauern einige Stunden Fortbildung pro Jahr besuchen.

handel haben Eier mit rund 18 Prozent, knapp gefolgt von Erdäpfeln und Milch. Bei Joghurt, Butter, Obst und Gemüse wird zu 10 Prozent in Bio-Qualität gekauft.

Insgesamt entwickelte sich der Umsatz in Österreich von 280 Millionen Euro in 2004 auf 1.065 Millionen Euro im Jahr 2011. Österreich

EU-Bio-Logo, österreichisches Bio-Zeichen (mit und ohne Ursprungsangabe) und das Bio-Austria-Logo

Worauf man beim Einkauf von Bio-Produkten achten muss

Seit 1. Juli 2010 muss auf Bio-Produkten das neue EU-Bio-Logo verwendet werden, das die Bio-Qualität von Lebensmitteln garantiert. Daneben sind die am häufigsten verwendeten Bio-Zeichen das staatliche österreichische Bio-Zeichen („AMA-Biozeichen") und das Bio-Austria-Logo. Außerdem muss der Code der Kontrollstelle angeführt sein, z.B. AT-BIO-401. Nur folgende Bezeichnungen garantieren Ware aus biologischer Landwirtschaft:

- „aus (kontrolliert) biologischem (oder ökologischem) Anbau"
- „aus (kontrolliert) biologischer (oder ökologischer) Landwirtschaft"
- „aus (kontrolliert) biologischem (oder ökologischem) Landbau"

Vorsicht bei Bezeichnungen wie „aus naturnahem Anbau", „aus umweltgerechter Landwirtschaft" oder „aus kontrolliertem Anbau" – diese haben mit „bio" nichts zu tun! Auch „Freilandeier" sind nicht automatisch Bio-Eier.

belegt damit weltweit den achten Platz der Länder mit dem größten Markt für Bio-Produkte.

Wie gut sind Milch, Topfen und Käse aus biologischer Landwirtschaft? In einem Test hat der Verein für Konsumenteninformation 45 Bio-Produkte unter die Lupe genommen (KONSUMENT 12/2012). Die Ergebnisse können sich sehen lassen. Im Labor gab es nichts zu beanstanden. Die Angaben zum Erhitzungsverfahren passten, ebenso der Fettgehalt. Weder Listerien noch Salmonellen oder andere Bakterien konnten nachgewiesen werden. Auch antibiotische Zusatzstoffe fanden sich nicht. Unauffällig auch die Ergebnisse der Laien- und Expertenverkostung. Nur die Kennzeichnung war in Einzelfällen mangelhaft. Für Kunden ist es oft schwer, herauszufinden, aus welcher Molkerei die Milch kommt. Häufig sind nur die Handelsketten als Vertreiber angeführt.

Der Preis für Bio-Milch setzt sich zusammen aus dem konventionellen Milchpreis und einem Bio-Zuschlag, der sich in den letzten Jahren kaum verändert hat. Im Mai 2013 erhielten die Bauern für ein Kilogramm Milch ab Hof rund 39,7 Cent (inkl. USt.). Für Bio-Milch 45,9 Cent, der Zuschlag für Bioproduktion beträgt also bescheidene 6,2 Cent.

Auch bei Bio-Milch geht ohne Erhitzen gar nichts. Aus Gründen der Lebensmittelsicherheit wird Rohmilch heute kaum noch angeboten. In den Geschäften finden sich praktisch ausschließlich pasteurisierte oder hocherhitzte Produkte.

Immer weniger Käse kommt aus kleinen Betrieben. Das Hauptgeschäft machen längst die großen Molkereien bzw. Käsereien. Immerhin wurden fast alle getesteten Produkte in Österreich erzeugt und in heimischen Betrieben verarbeitet. Bio ist nicht notwendigerweise teurer. Bei Milch sind vor allem die Eigenmarken des Handels um wenig Geld zu bekommen. Während bei Hartkäse zwischen Handelsmarken und Markenprodukten preislich kaum ein Unterschied besteht, kommen bei den Weichkäsen die Eigenmarken der Supermärkte deutlich günstiger.

Das große Fischsterben

Gut 85 Prozent der Fischbestände gelten als überfischt oder von Überfischung bedroht. 40 Prozent des Fangs, darunter Haie, Seevögel, Meeresschildkröten, Delfine und Wale, verenden als Beifang in den Netzen. Selbst die Fischzucht trägt zur Überfischung bei: Zumeist besteht dort das Futter aus Fischmehl und Fischöl. Zu den am stärksten bedrohten Arten zählen Kabeljau und Roter Thunfisch.

Wie glaubwürdig ist das MSC-Siegel?

Der Marine Stewardship Council (MSC) steht für nachhaltige Fischerei. Aber Kritiker werfen dem MSC vor, dass er wiederholt zerstörerische Fangmethoden mit hohen Beifang-Raten zertifiziert habe. In den MSC-Kriterien sei der Vorsorge-Ansatz so schwach formuliert, dass er selbst hinter internationalen Vereinbarungen zurückfalle. Laut Greenpeace werden im Falle der vom MSC zertifizierten Fischerei für Neuseeland-Hoki pro Jahr rund 1.000 Pelzrobben sowie auch einige Albatros-Arten getötet, die bereits auf der roten Liste der Weltnaturschutzunion (IUCN) für bedrohte Arten stehen. Folgende MSC-Produkte, die auch in Österreich erhältlich sind, stehen auf der roten Greenpeace-Liste für Fische, von deren Kauf abgeraten wird: Neuseeland-Hoki, Alaska-Seelachs, See-

marco.mayer/Shutterstock.com

hecht, Albacore-Thunfisch (Weißer Thunfisch). Der WWF hingegen hält am MSC-Gütesiegel fest. Die MSC-Standards seien unbestritten, so WWF-Fischerei-Experte Georg Scattolin: „Wenn es zu Zertifizierungen kommt, hat der WWF ebenso wie andere Stakeholder (Interessengruppen, Anspruchsberechtigte) die Möglichkeit, Einspruch dagegen zu erheben. Das hat der WWF auch wiederholt gemacht." Faktum sei, „dass MSC das robusteste Öko-Siegel (für Wildfisch) auf dem Markt ist".

In der Tat gibt es kein vergleichbares Gütesiegel für Wildfisch, und es ist besser, sich danach zu orientieren, als Meeresfisch ohne jedes Hinterfragen zu kaufen. Außerdem geben sowohl Greenpeace als auch der WWF Listen von empfohlenen Fischen (grün markiert) heraus. Dabei handelt es sich um solche, die zwar kein Gütesiegel haben, aber aus einer Region kommen, in der die Fischbestände nicht bedroht sind und wo auch keine negativen Auswirkungen auf das Ökosystem drohen.

Am Beispiel Thunfisch: Er wird häufig nach der Methode der „Ringwaden-Fischerei" gefangen, bei der hohe Mengen an ungewolltem Beifang in Kauf genommen werden – nicht nur Delfine, sondern auch Haie, Schildkröten, junge Thunfische und andere Fische. Sie stehen sowohl bei Greenpeace als auch beim WWF auf der Roten Liste. Werden hingegen selektive Fangmethoden angewandt (also mit Handangel) und gibt es zudem in der Region strenge Fischerei-Gesetze und ein seriöses Management, können auch manche Thunfisch-Arten ohne Bedenken gekauft werden, z.B. Bonito aus dem Pazifik. Greenpeace urteilt generell strenger als der WWF, woraus resultiert, dass der Konsument bei Seefisch so gut wie keine Wahlmöglichkeit mehr hat, weil alle Meeresfische von Greenpeace „grundsätzlich nicht empfohlen" werden.

Kann man Sushi noch essen?

Diese Spezialität aus Japan erfreut sich in Europa steigender Beliebtheit. Die beliebtesten Sushi-Fische stammen nicht aus einheimischen Gewässern, sondern werden importiert. Doch weltweit sind viele Arten wie Thunfisch oder Aal gefährdet. Rücksichtslose Fangmethoden bedrohen zudem andere Meeresbewohner. Zuchten weisen häufig eine schlechte Umweltbilanz auf.

Eine gute Wahl für Sushi sind Gelbflossenthunfisch aus dem West- und Zentralpazifik aus Handleinenfang, Lachs aus dem Nordostpazifik, der meist für das Krabbenimitat Surimi verwendete Alaska Seelachs aus dem Nordostpazifik mit MSC-Zertifikat sowie Bio-Garnelen. Auf den vom Aussterben bedrohten roten Thunfisch (Blauflossenthunfisch) oder den mit viel Beifang gefangenen Butterfisch sollten Sie hingegen besser verzichten.

Bio-Fisch aus Österreich

Die „ARGE Biofisch" ist eine Initiative österreichischer Teichwirte, die Fische nach den Richtlinien von Bio-Austria züchten. Erhältlich sind Karpfen, Forelle, Saibling, Rotauge, Wels, Hecht und Schleie.

In der Öko-Aquakultur werden möglichst heimische Arten gehalten. Für die Aufzucht werden in Österreich nur naturnahe Erdteiche akzeptiert, während im Ausland vielfach auch Plastikbecken eingesetzt werden.

Bessere Arbeitsbedingungen durch fairen Handel

Für Konsumenten, die Bio-Qualität mit besseren Arbeitsbedingungen für die Hersteller verbunden sehen möchten, sind Fairtrade-Produkte eine willkommene Alternative. Im fairen Handel ist der Einsatz von gentechnisch modifiziertem Saatgut sowie der Einsatz von hochgiftigen Agrochemikalien verboten. Kleinbauernfamilien in Entwicklungsländern werden finanziell dabei unterstützt, ihre Produktion auf biologische Anbaumethoden umzustellen, Wiederaufforstung zu betreiben, Wasser zu sparen und sich ökologisch fortzubilden. Fairtrade-Kleinbauern-Kooperativen und -Plantagen erhalten für ihre Produkte ein stabiles Einkommen. Durch die Kombination von fairen Preisen und der Ausbezahlung einer Fairtrade-Prämie können immer mehr Kleinbauern-Kooperativen längerfristig planen und Investitionen in Infrastruktur oder Produktion vornehmen, um die Qualität zu verbessern und Verarbeitungsprozesse zu

Kleinbauern profitieren von Fairtrade

EZA – Fairer Handel

**Margarita
Carbajal Santos**
Kaffeebäuerin
aus Mexiko

„Keine Analphabeten mehr"

Was Fairtrade in ihrem Ort bewirkt hat, darüber berichtet Margarita Carbajal Santos, Kaffeebäuerin in der Fairtrade-Kooperative Yeni Navan (Mexiko), im Interview.

Wie kamen Sie zum fairen Handel?
Wir hatten früher als Kaffeebauern überhaupt keine Rechte – auch kein Recht auf Ausbildung. Es gab Generationen von Menschen, die weder lesen noch schreiben konnten. Wir hatten auch keinen Arzt im Ort, was die gesundheitliche Situation sehr schwierig machte. Dafür gab es zwei Großgrundbesitzer in unserer Region, die alles kontrollierten. Viele Menschen verloren ihr Land an die Zwischenhändler, weil sie sich bei ihnen verschuldet hatten. Anfang der 1980er-Jahre erfuhren wir von Versammlungen in der Pfarre, zu denen wir gingen, obwohl es ein vierstündiger Fußmarsch war. Dort kamen wir in Kontakt mit einem Bischof der Diözese, der sich mit der Situation von Kleinproduzenten befasste. In den Versammlungen ging es darum, wie wir in eine direktere Beziehung zu den Käufern unserer Produkte kommen und unser Einkommen erhöhen könnten.

Wie reagierten die Großgrundbesitzer?
Leider gab es gegen unsere Initiative viel Widerstand und einige Mitstreiter mussten sogar mit dem Leben bezahlen.

Was waren Ihre Anliegen?
Wir kämpften darum, einerseits unsere Familien erhalten zu können und andererseits uns aus der Ausbeutung zu befreien. Damals lernten wir die erste mexikanische Genossenschaft für fairen und Bio-Kaffee kennen; sie hat uns sehr dabei unterstützt, uns auf unsere eigenen Beine zu stellen und selbst Kaffee zu exportieren. Wir lernten, wie wichtig der biologische Anbau ist – sowohl für unsere Gesundheit als auch für die Umwelt. Darüber hinaus hat er uns größere Marktchancen eröffnet. Mitte der 1980er-Jahre haben wir uns dann selbst als Kooperative konstituiert und besonders in die Qualität des Kaffees investiert.

Wie viele Mitglieder haben Sie?
Wir haben mit Mitarbeitern aus 9 Gemeinden begonnen und heute sind es 150 Gemeinden mit 745 Mitgliedern. Jede Gemeinde hat eine Leitungsperson, die sich auch dafür einsetzt, dass sich das Leben, die Bildungs- und Gesundheitssituation der Menschen verbessert.

Wie sieht Ihre Arbeit aus?

Als Produzentin und Promotorin arbeite ich in meiner Gemeinde mit Kindern und Jugendlichen und engagiere mich in der Pfarre. Promotorin bedeutet: das Gelernte weitergeben. Ich bin auch im Wiederaufforstungs- und Kaffeeerneuerungsprogramm tätig: Alte Kaffeepflanzen werden durch neue ersetzt und gleichzeitig werden auf den Kaffeeparzellen Schattenbäume (z.B. Zitrusbäume) gepflanzt, die den Boden mit Stickstoff versorgen. Aus dem Saatgut der alten Pflanzen werden neue Jungpflanzen gezogen.

Was ist der Unterschied zu herkömmlichen Kaffeeplantagen?

Mit einer herkömmlichen Kaffeeplantage hat die Arbeit der Fairtrade-Kaffeebauern nichts zu tun, es handelt sich eher um Kaffeegärten bzw. um eine ökologische Form der Waldbewirtschaftung.

Was hat sich durch Fairtrade verbessert?

Eines unserer Anliegen ist es, Familien zu unterstützen und den Menschen ein Leben in Würde zu ermöglichen. Es gibt bei uns heute keine Analphabeten mehr, dafür eine Schule und einen Arzt im Ort. Die Sozialprämie, die wir von Fairtrade bekommen, wird zum Teil für die Weiter- und Bewusstseinsbildung der Mitglieder verwendet; 50 Prozent davon gehen bei uns in die Erneuerung der Kaffeepflanzen.

optimieren. Zusätzlich ermöglichen die Fairtrade-Prämien Verbesserungen bei medizinischer Versorgung, Bildung und sozialen Einrichtungen.

Darüber hinaus sichern Produkte mit dem Fairtrade-Gütesiegel auch lohnabhängigen Arbeitern auf Plantagen, Blumenfarmen oder in Teegärten bessere Arbeitsbedingungen. Weitere Grundsätze sind das Verbot von ausbeuterischer Kinderarbeit, Arbeitsschutz und Vereinigungsfreiheit, also das Recht, beispielsweise einen Betriebsrat zu gründen.

Der faire Handel bietet bessere Arbeitsbedingungen

Beispiel Banane

Sie ist nach dem Apfel das beliebteste Obst der Österreicher. Die wenigsten Konsumenten wissen jedoch, dass die Situation auf herkömmlichen Bananenplantagen für die Arbeiter oft untragbar ist. Die Oxfam-Studie

„Bittere Bananen" stellt fest: Arbeits- und Gewerkschaftsrechte werden missachtet, Löhne sind oft ausbeuterisch niedrig, und die Arbeiter sind vielfach krebserregenden Pestiziden ausgesetzt. Der Unterschied zwischen Fairtrade und konventionell kommt bei Bananen besonders zum Tragen.

Beispiel Schokolade

Laut einer Studie des International Institute of Tropical Agriculture arbeiten über 250.000 Kinder auf westafrikanischen Kakaofarmen. Kinder, die von Menschenhändlern ihren Familien entrissen und in Länder wie Nigeria, Gabun, Kongo und die Elfenbeinküste weiterverkauft werden. Dort müssen sie zwölf Stunden am Tag schuften, an sieben Tagen in der Woche. Konzerne wie Nestlé oder Kraft (Milka, Nussini) beziehen ihre Rohstoffe von der Elfenbeinküste, von der ein Großteil der Weltkakao-Ernte stammt und wo die Lage der Kindersklaven besonders schlimm ist.
   Mit Schokolade aus fairem Handel ist der Konsument auf der sicheren Seite, da das Fairtrade-Gütesiegel Kinderarbeit verbietet. Immer mehr Konsumenten greifen zu Fairtrade-Produkten: Im Jahr 2011 stiegen die Umsätze im Vergleich zum Jahr davor um 15 Prozent auf über 100 Millionen Euro an. 2012 wurden Fairtrade-Produkte im Wert von rund 107 Mio. Euro verkauft. Den Großteil machten frische Südfrüchte aus (25 Prozent), gefolgt von Süßwaren (22 Prozent), Kaffee (18 Prozent), Rosen (14 Prozent) und Fruchtsäften (8 Prozent). Von den Erfolgen des fairen Handels profitieren insbesondere die über 900 zertifizierten Produzentenorganisationen in Afrika, Asien und Lateinamerika. Fairtrade-Produkte gibt es u.a. in den Weltläden sowie bei den meisten Supermarktketten, z.B. Billa, Merkur, Hofer, Spar, Interspar oder Eurospar und im Drogeriemarkt dm.

Rainforest-Alliance

Neben Bananen mit dem Fairtrade-Gütesiegel wurden im Oktober 2005 erstmals Chiquita-Bananen mit dem Gütesiegel der Rainforest-Alliance in den Handel gebracht. Das deklarierte Ziel der Rainforest Alliance ist es, „das Ökosystem und die Menschen und Tiere, die darin leben, zu schützen, und zwar durch die Implementierung verbesserter Bewirtschaftungssysteme zur Erhaltung der Artenvielfalt und Nachhaltigkeit". Die Rainforest-Alliance-Zertifizierung gibt es für Kaffee, Kakao, Bananen, Zitrusfrüchte, Blumen und Grünpflanzen. Außerdem bietet die Allianz auch das SmartWood-Programm für die Forstwirtschaft an. Das Zertifizierungssymbol ist ein weißer Frosch auf grünem Hintergrund. Unterschiede zum Fairtrade-Gütesiegel:

Im Vergleich zu Fairtrade sind die Kriterien anderer Sozial-Siegel deutlich weniger streng

- Die Rainforest-Alliance-Standards zielen vor allem auf die Nachhaltigkeit in der Landwirtschaft ab und nicht primär auf die Verbesserung der Handelsbedingungen durch andere Unterstützungen für Produzenten, etwa durch die Vorfinanzierung von Bestellungen, wie das bei Fairtrade der Fall ist.
- Es gibt für die Produzentenorganisationen weder einen vereinbarten Mindestpreis noch Prämienzahlungen, die zur Verbesserung der Lebensbedingungen in den lokalen Gemeinschaften oder der betriebswirtschaftlichen Effizienz verwendet werden könnten. Es wird lediglich erwartet, dass die Beteiligung an dem Zertifizierungsprogramm es ermöglicht, auf dem freien Markt bessere Preise zu erzielen.
- Ein Produkt kann das Rainforest-Alliance-Siegel führen, wenn 30 Prozent der Inhaltstoffe von zertifizierten bäuerlichen Betrieben stammen. Für Fairtrade gelten 100 Prozent!

UTZ Certified

Auch das UTZ-Certified-Gütesiegel wird als Alternative zu Fairtrade bei Kaffee, Tee und Kakao gehandelt. Es bietet aber deutlich weniger Vorteile für die Hersteller. Es ist ähnlich zu bewerten wie das Rainforest-Alliance-Siegel. So wird den Produzenten auch in diesem Fall kein Mindestpreis für ihre Ernte garantiert. Das UTZ-Siegel bedeutet beispielsweise: Nur 30 Prozent des Kakaos stammen aus UTZ-zertifizierter Herkunft. Bei

Anbringung des Logos auf der Rückseite der Schokoladen-Verpackung sind sogar weniger als 30 Prozent des Kakaos UTZ-zertifiziert. Immerhin garantiert die UTZ-Zertifizierung, dass die Produzenten nachhaltig und umweltschonend arbeiten, faire Arbeitsbedingungen bieten und auf Kinderarbeit verzichten. Arbeiter werden im Umgang mit Pestiziden, Düngemitteln oder Sicherheitsstandards geschult.

Tatsache ist: Jedes Unternehmen hat Schwachstellen, auch solche Betriebe, die Nachhaltigkeit in ihrer Unternehmensphilosophie festgeschrieben haben. Doch selbst wenn Gütesiegel wie Fairtrade oder Bio immer wieder kritisch hinterfragt werden, ist der Konsument gut beraten, sich an den bestehenden Gütesiegeln zu orientieren. Damit gekennzeichnete Produkte schneiden im Vergleich zu herkömmlichen um ein Vielfaches besser ab.

Die Macht der Supermärkte

Wie nachhaltig ist das Sortiment unserer Supermärkte? Diese Frage stand im Vordergrund eines im österreichischen Lebensmittelhandel, der in der Zeitschrift KONSUMENT (Ausgabe 12/2011) veröffentlicht wurde. Die Macht der großen Player im heimischen Lebensmitteleinzelhandel konzentriert sich zunehmend auf einige wenige Betriebe: Im Jahr 2010 kamen die drei größten Handelskonzerne (Rewe, Spar und Hofer) laut Marktanalysen auf einen gemeinsamen Marktanteil von über 83 Prozent. Das ist europaweit ein Spitzenwert.

Fünf der größten Handelskonzerne haben die Herausforderung angenommen, ihre Nachhaltigkeit unter Beweis zu stellen: Rewe (inklusive Adeg), Spar, Hofer, Lidl und der Tiroler Regionalanbieter MPreis. Im Gesamturteil lag das relativ kleine Tiroler Handelsunternehmen MPreis voran. Es verdankt diese Stellung vor allem seinem starken Bezug zur Region. Das Duell Spar – Rewe entschied Spar für sich. Rewe ist zwar die einzige Gruppe, die die Nachhaltigkeit institutionell verankert hat (sichtbares Zeichen: der Nachhaltigkeitsreport), aber Spar hat insgesamt mehr konkrete Akzente in seiner Sortimentspolitik gesetzt. Den Zweikampf der Diskonter konnte Hofer klar für sich entscheiden, nicht zuletzt dank seiner

Bio-Schiene „Zurück zum Ursprung". Insgesamt lagen die Ergebnisse nicht allzu weit auseinander, nur Schlusslicht Lidl wies einen deutlichen Rückstand auf.

Im Schnitt der fünf bewerteten Unternehmen steht ein gutes „durchschnittlich" in der Endabrechnung. Die besten Resultate wurden beim Angebot für nachhaltigen Fisch und bei den Maßnahmen gegen die Verschwendung von Lebensmitteln erzielt. Die Bemühungen zur Vermeidung von unnötigem Leiden bei der Nutztierhaltung fristen dagegen ein Schattendasein. Zugespitzt formuliert konzentriert sich die Verantwortung im Wesentlichen auf ein Produkt – das Hühnerei: Käfigeier wurden aus den Supermärkten verbannt.

Der übergreifende Schwachpunkt der Branche ist jedoch, dass „Nachhaltigkeit" stark auf Randbereiche konzentriert ist. Man reagiert auf gesellschaftliche Reizthemen wie eben die Käfigeier oder leergefischte Ozeane, es bleibt jedoch bei Ansätzen. Auch die Sozialstandards sind im Gegensatz zu ökologischen Kriterien schwach ausgeprägt. Hier geht es um den Verzicht auf unfaire Arbeitsbedingungen in bzw. Handelsbeziehungen mit der Dritten Welt. Es gibt zwar mittlerweile fast überall Fairtrade-zertifizierte Produkte, die Wachstumsraten sind zweistellig, doch gemessen am Gesamtumsatz beträgt ihr Anteil immer noch bescheidene 0,6 Prozent.

Unter allen getesteten Unternehmen hat nur Rewe Strukturen geschaffen, um gesellschaftliche Verantwortung langfristig in die Unternehmensstrategie zu integrieren. Der Konzern ist Vorreiter in Sachen Transparenz: Als einziges Handelsunternehmen veröffentlicht er einen Nachhaltigkeitsbericht, noch dazu nach dem höchsten Qualitätsstandard.

Was Sie tun können

- Kaufen Sie regionale und saisonale Produkte.
- Kaufen Sie Bio-Produkte, am besten von kleineren Händlern oder direkt von lokalen Bio-Bauern.
- Schließen Sie sich mit Gleichgesinnten zu Einkaufsgemeinschaften zusammen oder treten Sie einer sogenannten FoodCoop (Lebens-

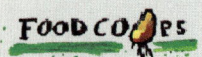

mittel-Kooperative) bei. Diese beziehen in Eigeninitiative biologische Produkte von lokalen Bauernhöfen, Gärtnereien oder Imkereien(▶ Weblinks unten).

- In den meisten Bundesländern gibt es bereits Bio-Betriebe, die den Konsumenten ihre Ware nach Hause liefern.
- Stellen Sie Ihren bevorzugten Lebensmittelketten lästige Fragen und fordern Sie Verbesserungen ein.
- Reduzieren Sie Ihren Fleisch- und Wurstkonsum auf zwei bis drei Portionen pro Woche oder verzichten Sie ganz auf Fleisch (Vegetarismus).
- Kaufen Sie heimischen Fisch, achten Sie auf Bio- und Umweltsiegel bzw. auf die Empfehlungslisten von Greenpeace und WWF.
- Über foodsharing.at können Sie Lebensmittel, die Sie nicht brauchen, mit anderen teilen (▶ Links).

Links

Gütesiegel
www.bewusstkaufen.at/produktgruppen/1/essen-und-trinken.html

Bio-Austria
www.bio-austria.at

Austria Bio-Garantie
www.abg.at

AMA
www.ama.at

Bio-Palmöl
http://drbronner.de

Fairtrade
www.fairtrade.at

Südwind-Kampagne und Petition „Make Chocolate Fair!"
http://makechocolatefair.org

Rainforest Alliance
www.rainforest-alliance.org

Gütesiegel Fisch
http://marktcheck.greenpeace.at/guetesiegel-fisch.html

WWF Fischratgeber
www.wwf.at/de/tipps

WWF Sushi-Ratgeber
www.wwf.at/de/sushiratgeber

MSC
www. msc.org

Biofisch
www.biofisch.at

Naturland
www.naturland.de/aquakultur.html

FoodCoops
http://foodcoops.at

Bio-Hauszustellung
http://marktcheck.greenpeace.at/bio-hauszustellung.html

Foodsharing
http://at.myfoodsharing.org

Home, sweet home

Auch in unseren eigenen vier Wänden können wir Maßnahmen
für mehr Nachhaltigkeit setzen: Das reicht von ökologischen
Möbeln über stromsparende Geräte bis zur Nutzung von
erneuerbarer Energie.

Holzprodukte

Beim Kauf von Holzmöbeln ist es wichtig, deren Herkunft zu berück-sichtigen: Weltweit sind bereits vier Fünftel der Urwälder zerstört, jedes Jahr werden weitere 13 Millionen Hektar Waldflächen für kommerzielle Zwecke abgeholzt. Oft werden große Regenwaldflächen illegal kahl ge-schlagen.

Das FSC-(Forest Stewardship Council-)Gütesiegel ist das bekannteste Zertifikat für die Holz- und Papierproduktion, das eine nachhaltige Wald-nutzung verspricht. Es zielt auf die Erhaltung der biologischen Vielfalt, der Landschaften und der ökologischen Funktionen der Wälder ab; das FSC-Siegel soll aber auch höhere ökonomische und soziale Standards für die Arbeitnehmer und die lokale Bevölkerung garantieren. „FSC Recycling" kennzeichnet Produkte, die aus Gebraucht- oder Restholz hergestellt wurden. In letzter Zeit häufen sich aber Berichte über mangelhafte Um-setzung der FSC-Standards und unzureichende Kontrolle. Dennoch hält Greenpeace an der Empfehlung für FSC-zertifizierte Holzprodukte fest.

Das Naturland-Zertifikat garantiert die ökologische Nutzung von Wäldern in Mitteleuropa. Dieses Zertifikat wird von den Umweltschutz-organisationen Greenpeace, BUND und Robin Wood unterstützt.

Auch das PEFC-Zeichen (Paneuropäisches Forst-Zertifikat) tritt für eine nachhaltige Waldbewirtschaftung ein, wird aber von Naturschutz-organisationen wie WWF und Greenpeace kritisch betrachtet. „Für das PEFC-Siegel gibt es keine unabhängige Kontrolle", erklärt Greenpeace-Konsumentensprecherin Claudia Sprinz. So wird dem Verbraucher ver-schwiegen, dass der PEFC-Stempel auf Papier- und Holzprodukten die Umwandlung von Ur- und Naturwäldern in andere Nutzungsformen (Plantagen, Äcker etc.) zulässt. Damit steht das PEFC-Siegel weder für den Schutz der Artenvielfalt noch wird damit die Freisetzung des in den Urwäldern gespeicherten CO_2 verhindert.

Einige Holzarten wie Mahagoni, Teak, Akazie oder Eukalyptus kommen aus bedrohten Urwäldern oder aus Plantagen auf ehemaligen Urwaldgebieten und sollten daher überhaupt gemieden werden. Auch wenn sie ein Gütesiegel tragen. Nähere Informationen darüber finden sich beispielsweise im Holzratgeber von Greenpeace (► Weblinks am Ende des Kapitels).

Holz und Holzprodukte
mit dem Umweltzeichen

Das Österreichische Umweltzeichen geht über das Kriterium nachhaltiger Waldnutzung hinaus. Es verlangt auch für die nachgelagerten Produktionsstufen die Einhaltung bestimmter Kriterien.

- Das Holz stammt überwiegend aus nachhaltiger Forstwirtschaft. Bei Recyclingholz oder Sägenebenprodukten müssen festgelegte Grenzwerte für Schadstoffe eingehalten werden.
- Die Holzprodukte enthalten keine umwelt- und gesundheitsgefährdenden Inhaltstoffe, auch nicht in den verwendeten Klebstoffen.
- Zur Oberflächenbehandlung werden nur umweltverträgliche Mittel verwendet, die das Innenraumklima nicht belasten und daher die Gesundheit weder gefährden noch beeinträchtigen.
- Eine Deklaration am Produkt oder ein Beiblatt informieren über eventuell verwendete Beschichtungen, Lacke oder andere Oberflächenbehandlungsmittel.

Auch andere Einrichtungsgegenstände, die das Umweltzeichen tragen, legen den Fokus auf nachhaltige Herstellung, z.B. Polstermöbel, Dämmstoffe und -platten oder Farben und Lacke (▶ Weblinks).
 Auch einige Möbel sind bereits mit dem Österreichischen Umweltzeichen ausgezeichnet, u.a. von:

- Team 7
- Voglauer
- Leiner (Betten der „Grünen Linie")
- BENE (Büromöbel)

Weitere Möbelfirmen können zwar nicht auf ein Gütesiegel (und somit auf eine unabhängige Kontrolle) verweisen, zeigen aber ein bestimmtes ökologisches Engagement:

- GEA
- Grüne Erde

- Veganova
- Naturfabrik

Teppiche

Handgeknüpfte Teppiche entstehen in traditioneller Handwerksarbeit und sind in den Herstellungsländern wie Pakistan, Indien, Afghanistan oder China eine wichtige Einnahmequelle. Der Haken daran: Ausbeuterische Kinderarbeit steht hier an der Tagesordnung. Arbeitszeiten von bis zu 16 Stunden am Tag, fehlende Schulbildung und gefährliche Arbeitsbedingungen sind keine Seltenheit.

Labels wie STEP und GoodWeave (ehemals Rugmark) setzen sich für bessere Arbeits- und Lebensbedingungen der Arbeiter in den Produktionsländern ein. Sie kämpfen gegen ausbeuterische und illegale Kinderarbeit und fördern ökologisch verträgliche Herstellungsverfahren.

Die Fair Trade Organisation **Label STEP** zeichnet nicht einzelne Produkte, sondern Import- und Handelsunternehmen aus. Diese verpflichten sich zur Einhaltung von strengen Kriterien im Einkauf ihrer handgefertigten Teppiche:

- bessere Arbeitsbedingungen in den Teppichknüpfgebieten
- Ablehnung missbräuchlicher Kinderarbeit
- unabhängige Produktionskontrollen
- Entwicklungsprojekte für bessere Lebensbedingungen
- regelmäßige unabhängige Kontrollen der Produktionsstätten

GoodWeave ist im Jahr 2010 an die Stelle von Rugmark getreten. Das Logo steht weiterhin für den Verzicht auf ausbeuterische Kinderarbeit, die Kriterien wurden aber auf andere Umwelt- und Sozialbereiche ausgeweitet. Über einen Registrier-Code kann die Herkunft jedes Teppichs zurückverfolgt werden. GoodWeave-Teppiche dürfen nur von Firmen importiert werden, die ein Lizenzabkommen mit einer nationalen GoodWeave-Initiative haben. In Österreich ist das nur über den Versandhandel aus Ländern wie Deutschland, Großbritannien oder USA möglich.

Care & Fair ist ein Berufsverband des europäischen Teppichhandels und leistet Hilfe zur Selbsthilfe, mit der illegale Kinderarbeit bekämpft und die Situation der Teppichknüpfer und von deren Familien verbessert wird. Die im Jahr 1994 gegründete Initiative hat sich zum Ziel gesetzt, die Lebensbedingungen der Knüpfer in Indien, Nepal und Pakistan durch Ausbildungsangebote und medizinische Grundversorgung zu verbessern. Es gibt allerdings keine unabhängige Kontrolle.

Care & Fair unterstützt zurzeit mehr als 25 Projekte und setzt sich zugleich bei den Regierungen der betreffenden Länder für eine Einhaltung und Umsetzung der Gesetze gegen Kinderarbeit ein. Partner von Care & Fair sind u.a. Leiner und Kika.

Klimafreundlicher Strom

Was wäre unser trautes Heim ohne wohlige Wärme und Energie, die uns mit Licht und unsere Geräte mit Strom versorgt? Doch solange wir fossile Energieträger wie Kohle, Erdöl und Erdgas nutzen, tragen wir damit zur globalen Erwärmung bei.

Klimafreundlicher Strom stammt aus erneuerbaren Quellen wie Sonne, Windkraft, Biomasse und Wasserkraft. Dabei entstehen keine Treibhausgase und pro durchschnittlichem Vier-Personen-Haushalt können bis zu 2.600 Kilogramm Kohlendioxid jährlich vermieden werden – das hilft nicht nur der Umwelt, sondern auch der Geldbörse.

Erneuerbare Energien schützen die Umwelt und schonen die Geldbörse

Der Strom aus Österreichs Steckdosen stammt zwar großteils aus klimafreundlicher Wasserkraft, doch noch immer werden hierzulande Kohle- und Gaskraftwerke mit erheblichem CO_2-Ausstoß betrieben. Die wichtigsten Ökostromkraftwerke in Österreich sind derzeit Kleinwasserkraftwerke, gefolgt von Windparks und Biomassekraftwerken. Daneben gibt es einige kleinere Sonnenkraftwerke, die jedoch nur knapp 0,1 Prozent zur gesamten Stromproduktion beitragen. Vier Ökostrom-Anbieter sind mit dem Österreichischen Umweltzeichen „Grüner Strom" ausgezeichnet und beliefern das gesamte Bundesgebiet:

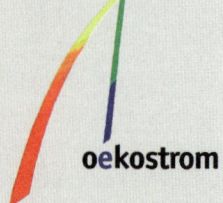

- AAE Naturstrom GmbH
- ENAMO Ökostrom GmbH
- Naturkraft Energievertriebsgesellschaft mbH
- oekostrom AG

Strom mit dem Umweltzeichen stammt zu 100 Prozent aus erneuerbaren Energieträgern, wird also garantiert ohne die Nutzung von fossilen und nuklearen Energieträgern erzeugt. Er darf nur von Ökostromhändlern angeboten werden und muss zu 79 Prozent aus Wasserkraft sowie aus Biomasse, Erdwärme, Sonne, Wind und zu mindestens einem Prozent aus der Photovoltaik stammen.

Positiver Nebeneffekt: Der Ausbau der Ökostromanlagen stärkt in vielen Fällen regionale Wirtschaftsstrukturen. Und wer denkt, Ökostrom sei teuer, der irrt: In vielen Fällen kommt er sogar billiger als der von herkömmlichen Stromanbietern!

Solarenergie – Strom der Zukunft

Laut einer Studie von Greenpeace und der Vereinigung der Europäischen Photovoltaik-Industrie (EPIA) könnten im Jahr 2020 bereits mehr als eine Milliarde Menschen mit Strom aus der Sonne versorgt werden. Dadurch würden mehr als 2,2 Millionen neue Jobs geschaffen und die CO_2-Emissionen um 169 Millionen Tonnen pro Jahr reduziert. Mit der Studie will Greenpeace beweisen, dass sauberer Strom aus Sonnenenergie einen wesentlichen Beitrag zu einer sicheren Stromversorgung selbst in entlegenen Gebieten leisten und die globale Erwärmung verhindern könnte. Sven Teske, einer der Autoren der Studie und Greenpeace-Energieexperte: „Die EU-Kommission sagt voraus, dass die Union 2020 zwei Drittel der Energie importieren müssen wird. Jeder Euro, der in Strom aus Sonnenenergie investiert wird, trägt zum Klimaschutz, zu neuen Innovationen und sinkender Abhängigkeit von importierten Rohstoffen wie Öl bei."

Strom sparen

Vom gesamten Strom, der weltweit erzeugt wird, wird nur ein Drittel genutzt – der Rest verpufft als Wärme. Schon mit ein paar Tricks kann ein Haushalt die monatlichen Stromkosten um bis zu 30 Euro senken – noch viel mehr kann man beim Heizen und der Warmwasserbereitung einsparen:

Entlarven Sie Ihre Stromfresser. Um den genauen Verbrauch festzustellen, gibt es Energie- und Leistungsmessgeräte für den Hausgebrauch, die zwischen Steckdose und Elektrogerät gesteckt werden und den jeweiligen Verbrauch anzeigen.

Vor dem Neukauf von Elektrogeräten zahlt es sich aus, sich über deren Energieverbrauch zu informieren. Dafür wurde das EU-Energielabel geschaffen, das die jeweilige Energieeffizienzklasse ausweist. Ursprünglich gab es sieben Klassen, von A bis G. Durch den technischen Fortschritt wurden die Klassen bei einigen Geräten nach oben erweitert: auf A+ bis A+++. Die Übersichtlichkeit geht dadurch leider verloren: So reichen bei Waschmaschinen und Geschirrspülgeräten sowie bei Kühl- und Gefriergeräten die Klassen von A+++ bis D, bei TV-Geräten hingegen von A+ bis F. Bei Lampen existiert noch die alte Klasseneinteilung von A bis G.

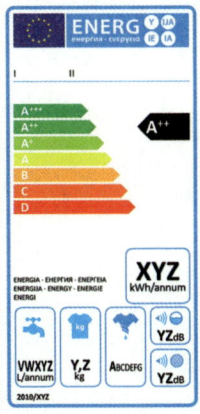

Haushaltsgeräte unter der Effizienzklasse B werden heute praktisch nicht mehr angeboten bzw. dürfen gar nicht mehr auf den Markt kommen: Für Kühlgeräte gilt als Mindestanforderung Klasse A+, dennoch reicht die Skala bis D. Achten Sie daher nicht nur auf die Klasse, sondern vergleichen Sie auch den Jahresenergieverbrauch in kWh, der ebenfalls auf dem Label angegeben sein muss.

Eine beträchtliche Stromersparnis ergibt sich aus dem Austausch der alten Glühlampen. Die sind mittlerweile ohnehin nicht mehr erhältlich, wohl aber Halogenglühlampen. Auch sie haben eine wesentlich geringere Lichtausbeute als Kompaktleuchtstofflampen (Energiesparlampen) oder LED-Lampen – bestenfalls ein Fünftel. Zusammen mit ihrer geringen Lebensdauer führt das dazu, dass Halogenlampen trotz ihres niedrigen Preises auf Dauer viel teurer kommen als Leuchtstoff- oder LED-Lampen. Ein Beispiel aus einem Vergleichstest: Eine Halogenglühlampe (E 27-Fassung) mit 42 Watt Leistungsaufnahme kostet im Lauf von rund 15 Jahren 183 Euro (Stromkosten und Ersatzkäufe nach dem Ende der Lebens-

Billige Lampen kommen teuer

dauer), eine Energiesparlampe kostet für diesen Zeitraum 71 Euro und eine LED-Lampe 66 Euro. Bereits nach kurzer Zeit macht sich also der Kauf einer teuren Sparlampe bezahlt.

Das gilt allerdings nur, wenn sie wirklich so lange hält wie versprochen. Zahlreiche Konsumentenbeschwerden belegen, dass viele der neuen Lampen ihr Geld nicht wert sind. Untermauert wird dies durch Testergebnisse, die zeigen, dass man auch bei Markenprodukten mit einem frühzeitigen Aus rechnen muss.

Rechnungen von Sparlampen aufheben!

Zu empfehlen ist daher, sich beim Kauf von Leuchtstoff- und LED-Lampen an Testergebnissen zu orientieren (sie werden u.a. regelmäßig in der Testzeitschrift KONSUMENT veröffentlicht). Heben Sie die Rechnung auf, damit Sie reklamieren können, sollte die Lampe nicht die angegebene Lebensdauer (in Betriebsstunden) erreichen. Zumindest die Markenhersteller erweisen sich in solchen Fällen meist als kulant.

Spartipps für den Alltag

* Vermeiden Sie den Stand-by-Betrieb bei Elektrogeräten. Er verbraucht unnötig Strom. Schätzungen zufolge kostet das einen österreichischen Haushalt im Schnitt 50 Euro pro Jahr.
* Ziehen Sie Ladegeräte nach Gebrauch immer aus der Steckdose, da sie auch Strom abzapfen, wenn Sie nicht in Betrieb sind.

Stromsparen leicht gemacht

* Verwenden Sie abschaltbare Steckerleisten.
* Wenn Sie auf Urlaub fahren, sollten Sie möglichst alle elektrischen Geräte – auch Boiler und Durchlauferhitzer – vom Netz nehmen.
* Am besten ist eine Kühlschranktemperatur von 5 bis 7°C. Die Tür möglichst nur kurz öffnen und nie warme Speisen in den Kühlschrank stellen.
* Tauen Sie Ihren Kühlschrank und Ihr Gefriergerät regelmäßig ab.
* Stellen Sie Ihren Kühlschrank nicht neben Heizkörper, Herd oder Spülmaschine, weil er da zum Kühlen mehr Energie benötigt.
* Laden Sie den Geschirrspüler möglichst voll; Geschirr nicht vorspülen.

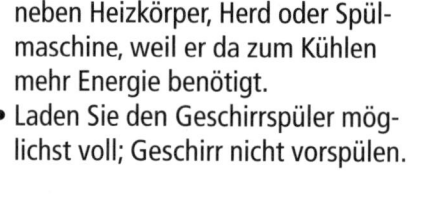

Sparen beim Warmwasser

Rund 10 Prozent des gesamten Energiebedarfs im Haushalt werden für die Warmwasserbereitung aufgewendet. So können Sie Ihren Warmwasserverbrauch und den Energieeinsatz reduzieren:

- Duschen statt baden – das spart bis zu 70 Prozent Wasser.
- 55 bis 60 °C maximal reichen für Ihren Boiler, damit Sie angenehm duschen können und vor Legionellen (Bakterien) geschützt sind.
- Ein tropfender Wasserhahn kostet 170 Liter Wasser monatlich!
- Ein sparsamer, voll beladener Geschirrspüler verbraucht weniger Wasser als das händische Spülen.
- Drehen Sie während des Einseifens, Zähneputzens oder Rasierens das Wasser ab.
- Bis zu 5 Liter Wasser pro Tag ersparen Perlatoren an Wasserhähnen. Sie bringen Luft in den Wasserstrahl, sodass man mit weniger Wasser dieselbe Wirkung erzielt. Moderne Armaturen sind bereits serienmäßig mit Perlatoren ausgestattet.
- Durchflussbegrenzer ersparen bis zu 10 Liter Wasser pro Tag. Sie werden als Zwischenstück einer Brausearmatur eingesetzt.

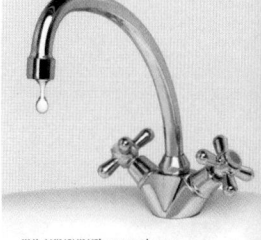

ILYA AKINSHIN/Shutterstock.com

Wäsche waschen

So sparen Sie Wasser, Strom und umweltbelastende Waschmittel:

- Waschen Sie nur mit voller Beladung, ohne jedoch die Trommel vollzustopfen. Bis zur Trommeloberkante sollte eine Handbreit freier Raum bleiben.
- Informieren Sie sich bei Ihrem Wasserversorger, wie hart Ihr Wasser ist, und dosieren Sie Ihr Waschmittel dementsprechend.
- Bei wenig getragener Kleidung reicht es oft, sie ein wenig auszulüften.
- Aufs Vorwaschen können Sie in der Regel verzichten, es ist nur bei sehr stark verschmutzter Wäsche nötig.

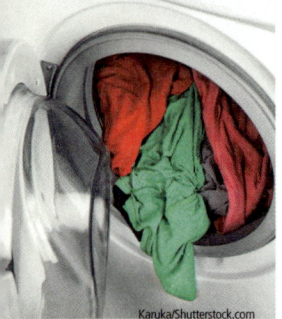

Karuka/Shutterstock.com

- Waschen Sie möglichst mit 30 bzw. 40 Grad. Mit heutigen Wasch-mitteln wird die meiste Wäsche auch bei niedrigen Temperaturen hygienisch sauber. Nur im Falle einer infektiösen Erkrankung oder einer Allergie gegen Hausstaubmilben ist eine 60-Grad-Wäsche emp-fehlenswert, „antibakterielle" Produkte sind jedenfalls unnötig.
- Mehr Waschmittel macht Ihre Wäsche nicht unbedingt sauberer. Laut übereinstimmenden Marktstudien werden Waschmittel prinzipiell überdosiert. Das ist nicht nur schlecht für die Umwelt, es kann auch der Gesundheit schaden.
- Meiden Sie Produkte, die Anteile an gefährlichen oder bedenklichen Chemikalien (z.B. ätzende Säuren, Duftstoffe, Konservierungsstoffe, Desinfektionswirkstoffe, Phosphate) enthalten. Verwenden Sie Waschmittel mit dem Österreichischen Umweltzeichen, z.B. „Denk mit Vollwaschmittel nature". Bei Fettflecken kann Gallseife Wunder wirken.
- Verzichten Sie wenn möglich auf Weichspüler. Ein Teelöffel Essig (in die Weichspülerlade) tut´s auch.

Waschnüsse

Dchauy/Shutterstock.com

Waschnüsse gelten als die ökologische Alternative zu aggressiven Wasch-mitteln. In den Schalen der Nüsse — seit jeher traditionelles Waschmittel in Indien und Nepal — ist Saponin enthalten, ein Stoff, der bei Kontakt mit Wasser eine seifige Lauge erzeugt. Diese ist frei von umweltbelastenden Chemikalien wie Lösungsmitteln, Duftstoffen, Konservierungsstoffen und Aufhellern. Allerdings sind mit der Verwendung auch Nachteile verknüpft: Tests der Stiftung Warentest haben ergeben, dass Waschnüsse zur Flecken-entfernung wenig geeignet sind; und die enthaltenen Saponine sind nicht leichter biologisch abbaubar als Tenside in synthetischen Waschmitteln. Zudem hatte die steigende Nachfrage nach Waschnüssen Folgen für die Herkunftsländer: Der Anstieg des Exportes der Nuss brachte eine erhebliche Preissteigerung in Indien mit sich, sodass sich ein großer Teil der indischen Bevölkerung Waschnüsse nicht mehr leisten konnte. Wenn man fair gehan-delte Waschnüsse bezieht, die im Internet oder in Weltläden angeboten werden, kann man wenigstens davon ausgehen, dass die Bauern einen fairen Preis dafür erhalten.

- Wäschetrockner sind zwar bequem, aber extreme Stromfresser. Schleudern Sie stattdessen mit hoher Drehzahl (1.400 U/min reichen aber aus) und lassen Sie Ihre Wäsche lufttrocknen – das senkt den Stromverbrauch um 100 Prozent!

Putzen ohne Gift

Haushaltsreiniger bestehen hauptsächlich aus waschaktiven Substanzen, den sogenannten Tensiden. Die Herstellung von synthetischen Tensiden verbraucht fossile Rohstoffe (Erdöl); in Gewässern schädigen sie Fische und andere Wasserlebewesen. Viele Haushaltsreiniger enthalten zudem Stoffe, die gesundheitsschädlich sein können und die Umwelt belasten: Dazu gehören biologisch nicht vollständig abbaubare Substanzen, allergieauslösende Stoffe oder die Gewässer belastende Phosphate.

Wenig bekannt ist die Tatsache, dass für Wasch- und Reinigungsmittel Tierversuche durchgeführt werden. Die Tierschutzorganisation Vier Pfoten rät den Konsumenten, beim Einkauf darauf zu achten, dass Putzmittel von Unternehmen stammen, die auf Tierversuche verzichten. „Leider gibt es nach wie vor noch keine entsprechenden Labels oder eine Kennzeichnung, an denen sich Verbraucher – wie etwa bei Kosmetika – orientieren können", sagt Nikola Furtenbach von Vier Pfoten. „Wir empfehlen daher, immer direkt beim Hersteller nachzufragen, um sich zu vergewissern, dass hinter dem Produkt kein Tierleid steckt."

ECOCERT und ECO Garantie sind die gebräuchlichsten Umwelt-Gütesiegel für Putzmittel

Wer auf Nummer sicher gehen will, greift zu Produkten, die auf ihre Gesundheits- und Umweltwirkung geprüft sind: In Produkten mit Ecogarantie werden nur rein natürliche, pflanzliche und mineralische Inhaltstoffe verwendet, auf gentechnische Veränderungen und Tierversuche wird verzichtet.

Garantiert ökologisch und tierversuchsfrei sind zudem Wasch- und Reinigungsmittel der Marken Ecover (z.B. bei dm erhältlich), Sonett, Oxin, Sodasan oder Ulrich – zu beziehen sind diese Marken in den jeweiligen Onlineshops oder in Bio-Läden.

Haushaltsreiniger mit dem Österreichischen Umweltzeichen belasten unsere Gewässer in geringerem Ausmaß, verfügen über eine hohe

Reinigungsmittel aus der Natur

- Eine Mischung aus Essig und Salz ergibt einen guten Oberflächenreiniger.
- Bei Fettflecken: Salz saugt das Fett auf.
- Wasser und Essig, im Verhältnis 1 : 1 gemischt, eignet sich hervorragend zum Fensterputzen und gegen Kalkflecken.
- Einen Allesreiniger mischen Sie folgendermaßen: Einen Liter Wasser zum Kochen bringen, etwas abkühlen lassen, in eine Flasche geben, mit 1 EL Essig, 1 EL Speisesoda (Natron, erhältlich in der Drogerie oder Apotheke), 1 EL Zitronensaft, 1 EL Teebaumöl vermischen.
- Für eine Scheuermilch benötigen Sie Zitronensaft, Schmierseife, 2 EL Natron und 2 EL Salz.

Reinigungsleistung und begnügen sich mit weniger Verpackungsmaterial. In Geschirrspül-, Reinigungs- und Waschmitteln dürfen Nitromoschusverbindungen sowie die polyzyklischen Moschusverbindungen Galaxolide und Tonalide nicht enthalten sein. Auch das EU-Umweltzeichen (Eco Label) stellt dieselbe Bedingung. Künstliche Moschusverbindungen sind schwer abbaubar und reichern sich zudem in der Umwelt an.

Vorsicht: Nicht alle Produkte, die mit besonders umweltfreundlichen Hinweisen werben, halten auch, was sie versprechen! Durch die Wortwahl oder eine besonders „natürliche" Bildsprache in der Werbung und auf dem Produkt wird der Eindruck vermittelt, das Produkt enthalte natürliche Inhaltsstoffe oder es sei besonders umweltschonend. Angaben wie „natürlich", „schonend" oder „umweltfreundlich" auf der Packung sagen aber nichts über die tatsächlichen Umweltstandards eines Reinigers aus. Verlassen Sie sich daher nur auf kontrollierte Gütezeichen und Labels!

Was Sie tun können

- Der Einsatz von starken Reinigern wie Desinfektionsmitteln ist in Privathaushalten nur in Sonderfällen notwendig (z.B. bei Infektionskrankheiten). Kaufen Sie daher für den täglichen Gebrauch keine

Reiniger mit der Aufschrift „desinfizierend", „bakterizid", „biozid", „anti-bakteriell", „mit Aktivchlor" oder „reinigt hygienisch".

- Achten Sie auf das Etikett: Inhaltstoffe wie Phosphate, Glycolether, Glycolester, Salmiak sowie Verbindungen, die Brom, Jod oder Chlor enthalten, haben in Allzweckreinigern nichts zu suchen.
- Achten Sie auf Gefahrensymbole, die auf mögliche gesundheitsschädliche oder umweltschädliche Risiken und Gefahren hinweisen. Bis 2017 können Verpackungen mit den alten (orangefarbenen) Gefahrensymbolen im Handel sein. Die neuen Gefahrenpiktogramme (rot/weiß) dürfen seit 2009 genutzt werden.
- In Haushaltsreinigern enthaltene Duft- oder Konservierungsstoffe können bei regelmäßigem Kontakt eine allergieauslösende Wirkung haben. Reduzieren Sie daher Produkte wie Raumsprays, WC-Steine, Weichspüler und Textilerfrischer auf das notwendige Minimum.
- Beigelegte oder aufgedruckte Dosierungsanleitungen garantieren einen effizienten Verbrauch, reduzieren die Umweltbelastung und verhindern eine Überdosierung.
- Werfen Sie leere Produktverpackungen nicht gleich weg, viele Hersteller bieten praktische Nachfüllpackungen an.

Altes und neues Gefahrensymbol

Richtig heizen

Die Raumheizung verbraucht die meiste Energie im Haushalt – je nach Gebäude und Dämmung zwischen 50 und 80 Prozent. Daher ist ein effizientes Heizsystem besonders wichtig. Auch beim Heizen kommt ein Großteil des Energiebedarfs aus fossilen Energiequellen – somit sind auch hier Alternativen gefragt.

Wer sein eigenes Haus baut, kann selbst über eine ökologisch nachhaltige und effiziente Heizung entscheiden. Wer dagegen in einer Mietwohnung mit vorgegebenem Heizsystem lebt, stößt schnell an seine Grenzen. Aber auch hier kann man aktiv zu einem nachhaltigeren Heizen beitragen. „Beim Neubau sollte auf Passivhaus-Standard und beim Althaus auf Niedrigenergiehaus-Standard mit bestmöglicher thermischer

RIKA

Tipps für effizientes Heizen

- Jede Heizung muss regelmäßig gewartet und entlüftet werden. Sollten Sie in einem Eigenheim wohnen, empfiehlt sich ein Termin bei der Energieberatung.
- Mit jedem Grad Raumtemperatur weniger sparen Sie bis zu 6 Prozent Heizenergie. Für ein gesundes Raumklima reichen um die 20 Grad Celsius. Wenn niemand zu Hause ist, sollte die Heizung auf niedriger Temperatur weiterlaufen, damit die Wände nicht abkühlen. Programmierbare Thermostate regeln die Temperatur automatisch.
- In unterschiedlichen Räumen braucht es unterschiedliche Temperaturen. Das bedeutet auch: Türen schließen! Zum Wohlfühlen meistens ausreichend: Wohnräume 20 bis 22 °C, Schlafzimmer 16 bis 18 °C, Kinderzimmer 20 bis 21 °C, Bad 20 bis 24 °C, Vorraum und sonstige Nebenräume 15 bis 16 °C.
- Heizgeräte sollten frei stehen: Ein Heizkörper zwischen Couch und Wand braucht weitaus mehr Energie als ein frei stehender. Oft sind Fensterbretter so tief, dass sie bis über den Heizkörper ragen – es kommt zu einem Wärmestau.
- Kurz und kräftig lüften: die Fenster weit öffnen, damit die Luft schneller ausgetauscht wird. Dabei bleiben die Wände warm. Niemals bei laufender Heizung die Fenster gekippt halten!
- Bei Türen und Fenstern, die zu weniger beheizten Gebäudeteilen wie dem Stiegenhaus oder Vorzimmer führen, kommt es oft zu einem Wärmeverlust. Fenster und Türen daher gut abdichten – am besten mit Schaumstoffsprays, weil damit Unregelmäßigkeiten ausgeglichen werden können.
- Im Haushalt gibt es oft unerwartete Wärmequellen: der Geschirrspüler nach einem Waschgang, die mit Heißwasser gefüllte Spüle, das aufgeheizte Bad. Auch diese Wärme kann bewusst genutzt werden – z.B. Öffnen des Geschirrspülers nach dem Spülgang.

Ichara/Shutterstock.com

Sanierung geachtet werden", erklärt Ing. Peter Scheiblhofer vom Technischen Büro für Energie und Umweltschutz.

Biomasse ist die gesamte durch Pflanzen oder Tiere erzeugte organische Substanz. Die dort gebundene Sonnenenergie kann zur Wärmegewinnung, Treibstoffproduktion oder Stromerzeugung genutzt werden. Die Biomasse Holz ist neben der Wasserkraft der mit Abstand wichtigste erneuerbare Energieträger in Österreich, z.B. in Form von Holzpellets: Bei der Verbrennung der kleinen Stifte aus gepresstem Sägemehl ist der CO_2-Ausstoß ebenso gering wie bei der natürlichen Verrottung im Wald. Pelletsheizung oder Hackschnitzelheizungen arbeiten heute vollautomatisch und stellen keinen zusätzlichen Arbeitsaufwand dar.

Wärmepumpen entnehmen Wärmeenergie aus ihrer Umgebung und nutzen diese Energie zur Beheizung von Wohnungen oder Häusern. Die Wärme aus der Natur steht kostenlos zur Verfügung, zum Betreiben der Wärmepumpe ist allerdings Strom erforderlich. In der Regel kann man mit einer kWh Strom drei bis vier kWh Wärmeenergie nutzen. Wärmepumpen benötigen ein wassergeführtes Wärmeabgabesystem mit möglichst niedriger Vorlauftemperatur. Sie seien also vor allem für Niedrigenergie- und Passivhäuser mit Fußboden- und/oder Wandheizung geeignet, so Scheiblhofer. Er empfiehlt Wärmepumpen in Kombination mit einer Photovoltaikanlage.

Langzeitprognosen lassen in den nächsten Jahren einen raschen Preisanstieg bei den fossilen Energieträgern erwarten. Für Wärmepumpen, Biomasseheizungen, Photovoltaik- und thermische Solaranlagen gibt es sowohl Landes- als auch Bundesförderungen, manche allerdings nur in Verbindung mit einer thermischen Sanierung der Gebäudehülle.

Tipps für ökologische Heizsysteme

- Strom-Direktheizungen sind teuer im Betrieb und unökologisch.
- Holzheizungen sind prinzipiell zu empfehlen, da Holz CO_2-neutral ist.
- Wer über einen Holzofen verfügt, sollte ausschließlich trockenes Holz verheizen.
- Hausmüll darf nicht im Ofen landen, da sich dabei nicht nur Feinstaub bildet, sondern auch zahlreiche giftige Schadstoffe entstehen.
- Wärmepumpen sind nur bei gut gedämmten Häusern mit Fußboden- oder Wandheizungen sinnvoll.
- Wärmepumpen, die mit Grundwasser oder Erdwärme arbeiten, sind effizienter als Luftwärmepumpen.
- Fernwärme ist besonders ökologisch, wenn sie aus Abwärme gewonnen wird.

Illustrationen: Bundesverband Wärmepumpe

Erdwärmepumpen nutzen Erdwärme mithilfe von Erdsonden oder Flachkollektoren

- Wenn sich eine Öl- oder Gasheizung nicht vermeiden lässt, verwenden Sie Geräte mit Brennwerttechnik gemeinsam mit einer Fußboden- oder Wandheizung. Diese Geräte arbeiten mit niedrigen Vorlauftemperaturen und erhöhen damit den Wirkungsgrad.
- Das Warmwasser sollte auf jeden Fall von einer thermischen Solaranlage kommen.

Grüner Daumen

Was gibt es Schöneres als ein Stückchen Natur im eigenen Garten oder auf der Terrasse?

Doch auch hier gibt es Gefahren für die Umwelt: 200.000 Tonnen Pflanzenschutzmittel werden jährlich in der EU in Umlauf gebracht. Allein in Österreich sind 250 Herbizide zugelassen, 218 davon sind als umweltgefährlich eingestuft. Viele dieser Produkte werden auch für den privaten Gebrauch angeboten.

Erst kürzlich setzte ein großes Gartencenter in Zusammenarbeit mit GLOBAL 2000 ein Zeichen in Richtung Umweltschutz: Zur Förderung des biologischen Gärtnerns listete das Unternehmen alle chemisch-synthetischen Pflanzenschutzmittel aus und stellte in diesem Bereich vollständig auf biologische Produkte um.

Mr SUTTIPON YAKHAM/Shutterstock.com

Vögel und Insekten sind der natürlichste Pflanzenschutz überhaupt, doch sie brauchen geeignete Verstecke und Nistplätze. Durch das Anbringen von Vogelnistkästen, Futtersystemen oder Insektenhotels kann die Artenvielfalt in einem Garten gefördert werden. Igel kommen dann in den Garten, wenn sie durch den Gartenzaun schlüpfen können und es Unterschlupfmöglichkeiten und viele Kleintiere zum Fressen gibt. Als Jagdrevier brauchen sie abwechslungsreiche, chemiefreie Gärten mit Blumenrasen und heimischen Hecken. Und Marienkäfer sind eine Wunderwaffe gegen Blattläuse, wenn im Garten keine chemisch-synthetischen Pflanzenschutzmittel zum Einsatz kommen.

Reicht ein natürlicher Pflanzenschutz durch Nützlinge nicht aus, sollten ausschließlich biologische Mittel eingesetzt werden. Das sind z.B.

Produkte auf pflanzlicher Basis wie Fenchelöl, Pechnelkenextrakt, Präparate auf Rapsölbasis, Algenextrakt oder Schmierseifen. Eine weitere Alternative zu Spritzmitteln sind mechanische Pflanzenschutzvorrichtungen wie Schneckenzäune, Abdeckfolien, Insektengitter und Ameisen- bzw. Wühltierabwehrgeräte.

Hilfe für die Bienen

Das „Beizen" von Saatgut ist eine Maßnahme zum Schutz vor Schädlingen und Krankheiten. Dabei wird Pflanz- und Saatgut mit Pflanzenschutzmitteln vorbehandelt, um zu verhindern, dass die Pflanzen später befallen werden.

Dancestrokes/Shutterstock.com

Konventionell erzeugtes Saatgut wird häufig mit Neonicotinoiden gebeizt, einem Mittel, das als Auslöser des weltweiten Bienensterbens gilt. Schon eine geringe Menge genügt, um Bienen zu schwächen oder zu verwirren. Die EU hat zwar im Mai 2013 die Anwendung dreier bienengiftiger Neonicotinoide teilweise verboten, laut Global 2000 bleiben jedoch bis zu 80 Prozent der in Österreich zulässigen Neonicotinoid-Anwendungen vom EU-Verbot unberührt.

Im eigenen Garten gibt es einfache Möglichkeiten, die Bienen tatkräftig zu unterstützen: durch den Kauf von Bio-Saatgut, den Verzicht auf chemisch-synthetische Spritzmittel und eine bunte Vielfalt von heimischen Pflanzen, die den Bienen Nahrung bieten. Wildbienen etwa sind wichtig für die Bestäubung von Obstbäumen; Palmkatzerl dienen ihnen als wichtige Nahrungsquelle.

Die Bedeutung der Bienen darf nicht unterschätzt werden: Da sie zwei Drittel unserer Kulturpflanzen bestäuben, zählen sie zu den wichtigsten landwirtschaftlichen Nutztieren!

Bienen zählen zu den wichtigsten Nutztieren überhaupt

Einkaufstipps für Saatgut

- Kaufen Sie Saatgut aus biologischer Produktion, achten Sie dabei auf Bio-Gütesiegel wie z.B. Austria Bio Garantie, Bio AUSTRIA oder das Österreichische Biozeichen.

- Greifen Sie zu Saatgut aus der Region und zu alten, traditionellen Sorten. Die Vielfalt bringt nicht nur Abwechslung in der Küche, sondern verbessert auch die Biodiversität (= Vielfalt der Tiere und Pflanzen) in Ihrem Garten.
- Verwenden Sie Saatgut, das zum Standort und den regionalen Gegebenheiten passt.
- Achten Sie auf das Abfülljahr, das auf der Verpackung angegeben ist. Kaufen Sie kein Saatgut, das älter als ein Jahr ist.
- Hybridsaatgut erkennen Sie an Hinweisen auf der Verpackung wie „F1" oder „Hybrid".

Chemiefreie Holzprodukte

Die meisten Gartenmöbel oder Zäune sind mit Holzschutzmitteln imprägniert. Diese meist chemisch-synthetischen Mittel schützen zwar gegen Schädlinge, gelten jedoch als giftig, allergieauslösend und krebserregend.

Achten Sie auf Gütezeichen, die schadstoffgeprüfte und umweltschonende Produkte garantieren. Das Österreichische Umweltzeichen steht für Gartenmöbel, die unbehandelt oder mit umweltfreundlicher Lasur behandelt sind. Ähnliches gilt für das deutsche Umweltzeichen „Blauer Engel". Generell sollten Sie zum Schutz von Oberflächen Lasuren und Lacke auf Basis erneuerbarer pflanzlicher Rohstoffe oder lösungsmittelfreie, wasserlösliche Produkte verwenden.

Bevorzugen Sie heimische Hölzer!

Bevorzugen Sie robuste Holzarten aus heimischer Produktion für wetterfeste Flächen (Möbel, Spielgeräte, Gartenhäuser). Holzarten wie Hochgebirgslärche, Robinie, Eiche oder Edelkastanie können unbehandelt bleiben oder durch umweltfreundliche Lasuren geschützt werden.

Borsalze sind eine verhältnismäßig ungiftige Holzschutz-Variante. „Thermoholz" wird einer Hitzebehandlung unterzogen, wodurch es wetterfest wird und ohne zusätzlichen Holzschutz auskommt.

Weitere Tipps für Gartenfreunde

- Treibstoffbetriebene Gartengeräte wie Rasenmäher, Laubsauger oder Motorsensen verursachen Lärm und CO_2-Emissionen.
- Die klimafreundlichste Lösung sind Geräte, die mit menschlicher Muskelkraft betrieben werden, also Handspindelmäher, Gartenschere, Handrechen etc.
- Mit zertifiziertem Ökostrom betriebene bzw. energiesparende Elektrogeräte sind eine lärm- und schadstoffarme Alternative.
- Heimische Pflanzen sind widerstandsfähig gegen Schädlinge und Krankheiten und an das regionale Klima angepasst. Sie bieten viel mehr Tieren Lebensraum und Nahrungsquelle als Exoten wie der Japanische Knöterich, Goldrute oder Springkraut.
- Selbst erzeugter Kompost ist eine hervorragende Alternative zu mineralischem Kunstdünger, der aus Erdöl und unter großem Energieaufwand erzeugt wird. Bis zu zwei Liter Erdöl werden für einen Liter Dünger verbraucht. Kunstdünger führt zu einer Überversorgung, die auf lange Sicht die Pflanze schwächt und anfällig für Schädlinge macht.
- Pflanzen Sie einen Baum in ihrem Garten! Würden alle 8 Millionen Österreicher je einen Baum pflanzen, dann würden jährlich ca. 200.000 Tonnen CO_2 gebunden.

Bäume binden CO_2

Urban Gardening

In Österreichs Städten gibt es immer mehr Gemeinschaftsgärten: Auf öffentlichen Flächen wird ein gemeinschaftlicher Anbau von Nutzpflanzen und Lebensmitteln organisiert.

Die Idee der Gemeinschaftsgärten, des sogenannten Urban Gardenings, geht auf die Community Gardens zurück, die seit den 1970er-Jahren vor allem in New York entstanden sind. Auf brachliegenden

Mintzgarten

In Wien entstehen immer mehr Gemeinschafts- oder Nachbarschaftsgärten. Einer davon ist der Mintzgarten am Wiener Nordbahnhofgelände, wo die Wohnhäuser reihenweise aus dem Boden gestampft werden.

Damit der Grünraum nicht zu kurz kommt, haben sich engagierte Bewohner des Viertels etwas einfallen lassen: Sie gründeten den Verein Mintzgarten. Ein schmaler Grünstreifen neben der Volksschule wurde umgegraben und umzäunt, Hochbeete wurden gebaut und mit Erde befüllt. Tatkräftige Unterstützung bekamen die Hobbygärtner von der Gebietsbetreuung: Die Stadt Wien förderte den Garten mit 3.600 Euro. Nach einigen bürokratischen Hürden und organisatorischem Aufwand war es im Mai 2013 so weit: Die MA 48 lieferte Bio-Erde, und die ersten Samen in Bio-Qualität wurden eingesetzt – neben Gemüse auch Blumen und Beerensträucher. Auf chemische Düngungsmittel verzichten die Mintzgärtner. Auf dem Eingangsschild ist zu lesen: „Wir schaffen sozialen Zusammenhalt, beleben die Wohnbauten-Monokultur, fördern Begegnung und Dialog und machen den Nordbahnhof noch schöner und lebenswerter."
(http://mintzgarten.wordpress.com)

Flächen wurden damals erste gemeinschaftlich getragene Projekte gestartet, die nicht nur grüne Freiräume schafften, sondern auch zu einer Revitalisierung und Aktivierung des Stadtteils führten.

Heute gehören die Flächen, auf denen Gemeinschaftsgärten errichtet werden, meist öffentlichen Trägern wie Städten, Kommunen, Kirchen oder Stiftungen. Die Nutzung der Fläche wird meist über einen Vertrag geregelt; in den Gärten gibt es Einzelparzellen sowie Gemeinschaftsflächen. Soziale, kulturelle und ökologische Diversität ist ein wesentliches Kriterium der Gemeinschaftsgärten. Die Vorteile: Man erlebt selbst die Natur und bringt sie den Kindern nahe. Das Stadtklima und auch das soziale Klima wird verbessert, da sich hier die unterschiedlichsten Menschen einer Sache widmen. Kosten für Wasser, Versicherung oder Abfall werden meist zur Gänze von der Stadt oder anteilig von den Gärtnern übernommen.

Gemeinsam gärtnern verbindet

Die Stadt Wien fördert unter dem Motto „gemeinsam garteln verbindet" aktiv Nachbarschafts- und Gemeinschaftsgärten. Sie sollen die Nachbarschaftsbeziehungen stärken und sind ein aktiver Beitrag zur Grünraumgestaltung in der Stadt.

Blumen und Zierpflanzen

Ein Großteil der rund 45 Millionen Tonnen Blumen, die jährlich in Österreich gekauft und verschenkt werden, wird aus Produktionsländern des
Südens importiert. Jede dritte Schnittblume weltweit stammt von einer
Blumenfarm in Lateinamerika oder Afrika. Blumen und Zierpflanzen
sollen makellos aussehen – doch das ist nur mit großen Mengen an Pestiziden möglich. Die meisten Blumen werden in Monokulturen gezogen,
in denen sich Schädlinge besonders rasch ausbreiten. Damit möglichst
kein einziger Schädling überlebt und die Blumen verunstalten kann, wird
vorbeugend mit Pestiziden gearbeitet. Bei Tulpen etwa werden bis zu 90
Kilogramm Pestizide pro Hektar eingesetzt, bei Getreide im Vergleich
dazu um die 2 Kilogramm pro Hektar. In den Ländern Südamerikas und
Afrikas sind Pestizide im Einsatz, die bei uns verboten sind, wie das kar-
zinogene und die Ozonschicht zerstörende Methylbromid. Die Arbeiter
dort leiden unter unmenschlichen Arbeitszeiten, zu niedrigen Löhnen und
nicht ausreichender Schutzkleidung. Dazu fehlen Sozialleistungen wie
Krankenversicherung, Pension und Mutterschutz.

> Auf Blumen-
> farmen kommen
> große Mengen
> an Pestiziden
> zum Einsatz

Schnittblumen, die aus kontrolliert fairem Handel stammen, unterstützen die Produzenten vor Ort und sorgen für bessere Arbeitsbedingungen, faire Löhne sowie soziale Standards. Fairtrade konzentriert
sich im Bereich Pflanzen auf Rosen, garantiert den Arbeitern auf den
Blumenfarmen die Zahlung von Prämien für Sozialprojekte und ermöglicht nachhaltige Arbeits- und Lebensbedingungen. FFP (Fair Flowers Fair
Plants) ist eine neue, von der EU unterstützte Initiative zur Förderung des
Absatzes nachhaltig gezüchteter Blumen und Pflanzen. Sie will Züchter
und Händler zur Teilnahme an Qualitätsprogrammen motivieren, stellt
aber im Gegensatz zum Fairtrade-Label keine Garantie für fair produzierte Blumen dar.

Fair gehandelte Blumen sind laut Fairtrade-Österreich-Geschäfts-
führer Hartwig Kirner kaum teurer als konventionell produzierte.

Viele Blumenarten wachsen in unseren Breiten nur in beheizten Glas-
häusern, was einen enormen Energieaufwand verursacht. Heimische
Pflanzen sind an die klimatischen Bedingungen und die Beschaffenheit
der Böden angepasst. Sie sind dadurch im Anbau robuster und weniger
anfällig für Schädlinge.

Das Angebot an Bio-Schnittblumen und -Pflanzen hält sich leider noch in Grenzen. Zu den Sorten aus heimischem Bio-Anbau am Feld gehören unter anderem Dahlien, Gartenfuchsschwanz, Glockenblumen, Godetien (Sommerazaleen), Lobelien, Malven, Rittersporn, Sonnenblumen und Zinnien. Bio-Blumen und -Pflanzen erkennen Sie an Gütezeichen wie dem Österreichischen Biozeichen, Austria Bio Garantie, BIO Austria und demeter.

Links

Holzprodukte

Holz-Ratgeber
www.greenpeace.org/austria/de/multimedia/Publikationen/ratgeber

Umweltzeichen rund ums Wohnen
www.umweltzeichen.at > Produkte > Bauen und Wohnen

Weltläden
www.weltlaeden.at

Teppiche

STEP
www.label-step.org

Good Weave
www.goodweave.de

Care & Fair
www.care-fair.org

Strom, Energiesparen

Energiesparende Geräte
www.topprodukte.at

Umweltzeichen Grüne Energie
www.umweltzeichen.at > Produkte > Grüne Energie

Greenpeace Stromcheck
www.greenpeace.org/austria/de/themen/klima/was-wir-tun/
    stromcheck

Erneuerbare Energie Österreich
www.erneuerbare-energie.at

AAE Naturstrom
www.aae-energy.at

ENAMO
www.enamo-oekostrom.at

Naturkraft
www.naturkraft.at

Ökostrom AG
www.oekostrom.at

Putzmittel

Datenbank für ökologische Wasch- und Reinigungsmittel
www.umweltberatung.at/oekorein

Umweltzeichen Wasch- und Reinigungsmittel
www.umweltzeichen.at > Produkte > Haushalt und Reinigung

Ecogarantie
www.ecogarantie.com

Tierfreundliche Produkte
www.animalfair.at/2011/11/tierschutz-und-okologische-
    gutesiegel

Heizen

Heizen mit Holz
www.richtigheizen.at

Garten

Gemeinschaftsgärten in Wien
www.wien.gv.at/umwelt-klimaschutz/gemeinsam-garteln.html

Unterstützung bei Gemeinschaftsgärten
www.gartenpolylog.org

Mintzgarten
http://mintzgarten.wordpress.com

SP-Photo/Shutterstock.com

Mobilität und Freizeit

Der Straßenverkehr zeichnet für den größten Teil der
Treibhausgas-Emissionen verantwortlich – es lohnt sich,
darüber nachzudenken, ob man das Auto nicht öfter
stehen lassen sollte.

Das Auto – des Menschen bester Freund?

Laut Statistik waren zum Stichtag 31.12.2012 in Österreich insgesamt 6,3 Mio. Kraftfahrzeuge (Kfz) zum Verkehr zugelassen, um 1,7 Prozent mehr als ein Jahr zuvor.

Über 40 Prozent des Kfz-Bestandes entfallen allein auf die Bundesländer Niederösterreich und Oberösterreich. Wien trägt rund 13 Prozent zum Kfz-Bestand bei. In Wien gibt es im Verhältnis zu den Einwohnern allerdings am wenigsten Autofahrer (393 Pkw je 1.000 Einwohner), was vor allem auf das Angebot öffentlicher Verkehrsmittel zurückzuführen ist.

Von 1990 bis 2010 stiegen in Österreich die Treibhausgas-Emissionen aus dem Sektor Verkehr von 14,1 Mio. Tonnen auf 22,5 Mio. Tonnen an; das bedeutet ein Plus von 60 Prozent. Bedeutendster Verursacher ist der Straßenverkehr, für den deutlichen Anstieg ist auch der Tanktourismus verantwortlich (Benzin ist in Österreich aufgrund der niedrigeren Steuerbelastung günstiger als in den Nachbarländern). Im Jahr 2010 wurden in Österreich insgesamt 85 Mio. Tonnen CO_2-Äquivalent an Treibhausgasen emittiert. Damit lagen die Treibhausgas-Emissionen um 16 Mio. Tonnen CO_2-Äquivalent über dem Kyoto-Ziel Österreichs, das einen maximalen Ausstoß von 69 Mio. Tonnen pro Jahr vorsieht.

Das Kyoto-Ziel wurde bis jetzt deutlich verfehlt

Im Jahr 2012 ging man von einer Gesamtabweichung vom Kyoto-Ziel von 30 Mio. Tonnen aus. Johannes Wahlmüller, Klimaexperte bei GLOBAL 2000: „Die genannten 30 Millionen Tonnen CO_2-Zielverfehlung werden Österreich teuer zu stehen kommen, es drohen Kosten von bis zu einer Milliarde Euro."

Problem Erdöl

Eine Energiewende ist unumgänglich

Solange wir fossile Energieträger wie Kohle, Erdöl und Erdgas nutzen, tragen wir damit zur globalen Erwärmung bei. Große Ölgesellschaften wie Shell oder BP tun das Ihre, indem sie die Welt glauben machen, sie könne ohne Erdöl nicht überleben – dabei ist eine Energiewende hin zu erneuerbaren Energien unumgänglich (► Seite 43 ff.). Alljährlich vorkommende Katastrophen wie der Untergang der von BP betriebenen Ölplattform Deepwater Horizon im Golf von Mexiko 2010 zeigen, wie riskant und umweltschädlich das Ölgeschäft ist.

Und bei der Suche nach Öl schrecken die großen Unternehmen vor nichts zurück: Shell begann in den 1950er-Jahren in Nigeria im Lebensraum des Volkes der Ogoni gegen deren Willen mit der Ölförderung. Bis heute wird in dem afrikanischen Land Öl gefördert – mit katastrophalen Folgen für die Bevölkerung wie verseuchtem Trinkwasser, Krebsgefahr und massiven Menschenrechtsverletzungen.

Neuerdings hat sich Shell der Suche nach fossilen Brennstoffen in der äußerst sensiblen Arktis verschrieben. Eine ganze Reihe gefährlicher Unfälle führte bereits dazu, dass das Bohrprogramm vorerst eingestellt wurde. Aber Shell gibt nicht auf: Ein Vertrag mit Gazprom und dem russischen Präsidenten Putin, der Shell eingeladen hat, in der russischen Arktis zu bohren, wurde unterzeichnet – Ölunternehmen können dort weitgehend unbeaufsichtigt agieren.

Die Ironie dabei: Ausgerechnet das Abschmelzen der arktischen Eiskappe macht es möglich, dass Shell und Gazprom überhaupt in der Arktis bohren können. Ein Teufelskreis, denn jedes Ölprojekt bedeutet neue CO_2-Emissionen, die weiteres arktisches Eis verschwinden lassen.

Tim Lambon/Greenpeace

Problem CO_2

Der Straßenverkehr macht etwa 17 Prozent des gesamten CO_2-Ausstoßes in der EU aus (Europäische Umweltagentur, TERM 2011). Dieser CO_2-Ausstoß ist zu einem großen Teil verantwortlich für den Treibhauseffekt und damit für die Klimaerwärmung. Mit jedem verfahrenen Liter Benzin steigen 2,32 Kilogramm CO_2 in die Luft, bei Diesel sind es sogar 2,63 Kilogramm. Der Klimawandel kann laut Greenpeace nur aufgehalten werden, wenn die Industriestaaten ihre Treibhausgas-Emissionen drastisch senken. Bis zum Jahr 2015 müsste der Höhepunkt der Emissionen erreicht sein und der Ausstoß anschließend stark abfallen. Bis zum Jahr 2050 müsste er nach Berechnungen des Weltklimarates auf unter zwei Tonnen CO_2 pro Kopf gesunken sein. Andernfalls wäre ein sich selbst verstärkender Klimawandel nicht mehr aufzuhalten.

Straßenverkehr ist mitverantwortlich für Klimaerwärmung

Problem Feinstaub

Dabei handelt es sich um mikroskopisch kleine Teilchen, die vom Menschen über die Atemwege aufgenommen werden und ein Gesundheitsrisiko darstellen. Einmal eingeatmet, können sie in den feinen Verästelungen des menschlichen Lungengewebes großen Schaden anrichten: Asthma, Bronchitis und Lungenkrebs gehören zu den gefährlichen Folgen. Im Feinstaub sind auch Schwermetalle und Dioxine enthalten, die in der Luft mit anderen Verbindungen reagieren. So entstehen wiederum neue Verbindungen, die noch gefährlicher für den Menschen sein können.

Gemessen wird in Österreich vor allem der grobkörnige Feinstaub (PM10), und immer wieder werden in Österreichs Städten die Grenzwerte überschritten. Laut Weltgesundheitsorganisation WHO führt der durch den Verkehr verursachte Feinstaub in Österreich zu mehr als 2.000 Todesfällen pro Jahr.

Die Feinstaubemissionen bestehen nicht nur aus den Abgasen von Kraftfahrzeugen, sondern vor allem auch aus Reifen-, Brems-, Kupplungs- und Straßenabrieb. Der durch Reibungskraft entstandene Feinstaub kann im Gegensatz zum Feinstaub aus Abgasen nicht gefiltert werden.

Problem Ozon

Bodennahes Ozon entsteht durch Luftschadstoffe und intensive Sonneneinstrahlung, die wichtigste Vorläufersubstanz sind Stickoxide. Laut Verkehrsclub Österreich (VCÖ) sind die Ozonwerte in den letzten Jahren kontinuierlich angestiegen, verantwortlich dafür ist die Zunahme des Straßenverkehrs. In den Sommermonaten werden in Österreichs Städten die Grenzwerte für Ozon mit trauriger Regelmäßigkeit überschritten; in Ballungsräumen hat die Ozonbelastung ihren Höhepunkt am frühen Nachmittag und geht dann in der Nacht stark zurück. Grund dafür ist, dass die Luftverschmutzung das Ozon auch wieder zersetzt. Trägt der Wind bodennahes Ozon allerdings in sogenannte Reinluftgebiete – also aufs Land –, so fehlen die Abbausubstanzen. Die Belastung bleibt auch über Nacht aufrecht.

Ozon ist ein aggressives Reizgas, das zu Beeinträchtigungen der Lungenfunktion, zur Reizung der Schleimhäute und zu Bronchialstörungen führen kann. Zudem steht es im Verdacht, krebserregend zu sein. Nicht nur kurzfristig auftretende Spitzenkonzentrationen sind gefährlich, auch lang anhaltende Belastungen, wie sie abseits von Ballungsgebieten auftreten, können zu dauerhaften Gesundheitsstörungen führen. Die als Vorläufersubstanzen bekannten Stickoxide sind ebenfalls giftig und allergiefördernd.

Autofreie Siedlung

In einem Wiener Außenbezirk trotzt eine kleine Siedlung dem Autoverkehr in der Stadt: die autofreie Mustersiedlung in Floridsdorf (fertiggestellt im Dezember 1999). Die Planer wollten den problematischen Auswirkungen des zunehmenden Autoverkehrs etwas entgegensetzen: Die Mieter der Siedlung verpflichten sich im Mietvertrag, kein eigenes Auto zu besitzen oder dauerhaft zu nutzen. Das Geld, das man für die Errichtung von Stellplätzen einsparte, wurde für Gemeinschaftsräume und für die Gestaltung der Grünflächen (inklusive Biotop) verwendet. Mehrere Studien zeigen das umweltfreundliche Verkehrsverhalten der Bewohner, und hier vor allem die überdurchschnittlich hohe Fahrradnutzung. Auf nachhaltigen Lebensstil wird ebenfalls Wert gelegt, ein eigenes Bio-Lager enthält Produkte von Bio-Bauern aus der Umgebung. Darüber hinaus gibt es Kinderspielräume, zwei Spielplätze, Werkstätten, Sauna und einen Waschsalon.
Der Gemeinschaftssinn und nachbarschaftliche Zusammenhalt ist groß: „Wenn ich etwas brauche, etwa eine Skihose für mein Kind oder eine Zutat zum Kochen, schicke ich ein Mail über unseren Verteiler aus", erzählt eine Bewohnerin. „Meist bekomme ich das Gewünschte innerhalb kurzer Zeit."
Die Siedlung gilt zudem als besonders kinderfreundlich, in den letzten Jahren gab es einen regelrechten Babyboom unter den Bewohnern. Die hohe Lebensqualität in der autofreien Siedlung hat sich herumgesprochen: Die Liste der Anmeldungen für frei werdende Wohnungen ist so lang, dass leicht ein bis zwei weitere Wohnprojekte mit Interessenten gefüllt werden könnten.

Nur scheinbar günstig

Jedes fünfte neu verkaufte Auto ist ein sogenanntes SUV (Sport Utility Vehicle). SUVs sind größer und schwerer als andere Pkws und verbrauchen im Schnitt um ein Viertel mehr Sprit als vergleichbare Fahrzeuge. 85 Prozent dieser Fahrzeuge sind dieselbetrieben. Martin Gansterer vom VCÖ: „Die Abgase von SUVs enthalten drei Mal so viele Stickoxide wie jene eines Benzin-Pkw. Stickoxide können Atemwegserkrankungen verursachen." Da SUVs auch mehr Platz brauchen als andere Pkws, fordert der VCÖ höhere Parkgebühren für diese Fahrzeuge.

Autos belasten unser Klima übrigens schon bevor sie überhaupt einen Kilometer gefahren sind. Eine VCÖ-Studie zeigt, dass allein die Herstellung der rund 300.000 Pkws, die pro Jahr in Österreich neu zugelassen werden, das Klima mit 1,76 Millionen Tonnen CO_2 belastet. Das entspricht einer Autofahrleistung von ca. zehn Milliarden Kilometern. Diese Daten zeigen: Das Ankurbeln des Autokaufs, etwa durch eine Abwrackprämie, ist kein Beitrag zum Klimaschutz, sondern das Gegenteil davon.

Laut Statistik wird ein Großteil aller gefahrenen Kilometer in Österreich auf Strecken von weniger als 100 Kilometern zurückgelegt. 80 Prozent aller Fahrten sind kürzer als 15 Kilometer, 90 Prozent immer noch kürzer als 40 Kilometer (Global 2000).

Jeder zweite Einkauf wird in Österreich mit dem Auto erledigt – und das, obwohl 80 Prozent der Einkaufsfahrten kürzer als 5 Kilometer sind; jeder zweite Lebensmitteleinkauf wiegt weniger als 5 Kilo. Eine Hauptursache dafür ist, dass viele neue Supermärkte und Einkaufszentren ausschließlich für Autofahrer erreichbar sind. „Viele dieser Geschäfte liegen am Ortsrand, haben zahlreiche Auto-Parkplätze, aber es führen weder Geh- noch Radwege dorthin", kritisiert VCÖ-Experte Martin Blum.

Viele Autobenutzer argumentieren, dass ihnen öffentliche Verkehrsmittel zu teuer wären. Wenn man aber alle Kosten für ein Auto zusammenrechnet (Anschaffung, Treibstoff, Öl, Parkplatzgebühren, Reparaturen, Steuern, Versicherung, Wartung, Pflege etc.), sieht es schon anders aus: Bei einer Fahrleistung von 15.000 Kilometern kommt man schnell auf Gesamtkosten zwischen 6.000 Euro und 9.000 Euro pro Jahr.

Vermeiden Sie kurze Autofahrten!

Tipps zum Spritsparen

- Beim Autokauf auf den Verbrauch achten. Achtung bei den Herstellerangaben! Der tatsächliche Verbrauch liegt durchschnittlich 15 Prozent höher als der von den Herstellern angegebene sogenannte Normverbrauch.
- Nach dem Starten sofort losfahren: Den Motor „warmlaufen" zu lassen, ist unnötig. Es reicht, zu Beginn nicht hochtourig zu fahren. Außerdem ist es sogar verboten. Im Kraftfahrgesetz (KFG § 102, Abs. 4) heißt es: „Der Lenker darf mit dem von ihm gelenkten Kraftfahrzeug [...] nicht mehr Rauch, üblen Geruch oder schädliche Luftverunreinigungen verursachen, als bei ordnungsgemäßem Zustand und sachgemäßem Betrieb des Fahrzeuges unvermeidbar ist."
- Möglichst niedrigtourig fahren, das verringert den Verbrauch: Je höher die Drehzahl, umso mehr Sprit frisst der Motor.
- Reifen mit geringem Rollwiderstand wählen: Der VCÖ empfiehlt Reifen, die den Ansprüchen des „Blauen Engels" entsprechen.
- Reifendruck kontrollieren: Zu wenig Luftdruck lässt nicht nur die Reifen schneller verschleißen, sondern treibt auch den Spritverbrauch in die Höhe.
- Eine Klimaanlage erhöht den Verbrauch im Stadtverkehr um bis zu 1,8 Liter pro 100 Kilometer.
- Kurzstrecken vermeiden: Ein Mittelklassewagen verbraucht direkt nach dem Start 30 bis 40 Liter Sprit, hochgerechnet auf 100 km, nach einem Kilometer 20 Liter/100 km. Erst nach vier Kilometern hat der Motor den optimalen Verbrauch. In Österreich ist jede 2. Autofahrt kürzer als vier Kilometer.

Konstantin Sutyagin/Shutterstock.com

So gesehen sind öffentliche Verkehrsmittel geradezu günstig: Eine Jahreskarte bei den Wiener Linien kostet beispielsweise 365 Euro. Die ÖBB bieten zahlreiche Vergünstigungen für Bahnfahrer wie die Vorteilscard an: Diese kostet 99,90 Euro pro Jahr und bietet an die 50 Prozent Ermäßigung auf den Fahrpreis.

Was Sie tun können

- Möglichst oft zu Fuß gehen, mit dem Fahrrad fahren oder öffentliche Verkehrsmittel benutzen: Schon eine halbe Stunde Bewegung täglich

Teilen Sie Ihr Fahrzeug mit anderen Nutzern – so sparen Sie auch Geld

fördert die Gesundheit nachhaltig und verringert das Risiko von Zivilisationskrankheiten.

• Längere Strecken mit der Bahn fahren.

• Fahrgemeinschaften mit Nachbarn, Freunden oder der Familie bilden: Das ist nicht nur gut für die Umwelt, sondern auch für Ihre Geldbörse.

• Mitfahrzentralen nutzen: Gerade für längere Strecken zahlt es sich oft aus, nicht selbst zu fahren, sondern eine Mitfahrgelegenheit zu suchen – oder anderen einen Platz im eigenen Auto anzubieten.

• Wer das Auto nur gelegentlich benötigt, z.B. um etwas zu transportieren , kann mittlerweile auf viele Alternativen ausweichen. Leihautos oder Carsharing kommen auf Dauer wesentlich günstiger als ein eigenes Fahrzeug. Auch viele Möbelhäuser oder Baumärkte bieten Leihfahrzeuge an.

• Wenn Sie auf ein eigenes Auto angewiesen sind und ein Dieselfahrzeug ohne Filter besitzen, können Sie dieses mit Partikel- und NO_x-Filter nachrüsten lassen.

• Fahrzeuge mit Hybridantrieb haben neben dem herkömmlichen Kraftstoffmotor auch einen Elektromotor. Bei niedrigeren Geschwindigkeiten übernimmt der Elektromotor die Leistung, was den Verbrauch und somit die Feinstaub-Belastung reduziert.

Es gibt kein „umweltfreundliches" Auto

Manche Autos schädigen die Umwelt weniger als andere; geht es nach der EU-Kommission, sollen neue Pkw ab 2020 im Durchschnitt 95 Gramm CO_2 pro Kilometer ausstoßen. Das wäre schon heute möglich, wie die aktuelle Auto-Umweltliste des VCD (Verkehrsclub Deutschland) zeigt: Insgesamt 30 Autos erreichen die 95 g CO_2/km, die „Klimabesten" emittieren gar nur 79 g CO_2/km.

Testsieger des VCD war im Jahr 2012/2013 mit dem Volkswagen eco up! erstmalig ein Erdgas-Auto. Auf den Plätzen zwei und drei folgen die Hybrid-Pkws Lexus CT 200h und Toyota Prius Hybrid. Insgesamt befinden sich unter den Top Ten 2012/2013 sieben Hybridfahrzeuge.

Der größte europäische Autohersteller, VW, will den CO_2-Ausstoß seiner Neuwagenflotte ab 2020 auf 95 Gramm CO_2 pro Kilometer verringern (entspricht etwa 4 Litern Treibstoff pro 100 km).

Allerdings ist bei diesen Zahlen zu berücksichtigen, dass die von den Autoherstellern angegebenen CO_2-Emissionen deutlich niedriger sind als die tatsächlich emittierten Mengen. Ein Pkw mit einem Testergebnis von 100 Gramm pro Kilometer emittiert in Wahrheit um 42 Gramm CO_2 mehr pro Kilometer. Grund dafür ist, dass die Tests bei idealen Temperaturen (20 bis 30 Grad) und mit ausgeschalteter Heizung und Klimaanlage durchgeführt werden (Quelle: VCÖ).

Die Angaben der Autohersteller zu den CO_2-Emissionen sind nicht praxisgerecht

Wie grün sind Elektroautos?

Elektroautos werden im Unterschied zu Fahrzeugen mit Hybridantrieb ausschließlich von einem Elektromotor angetrieben, der seine elektrische Energie über wieder aufladbare Akkumulatoren bzw. Batterien bezieht.

Von den Fahrzeugherstellern werden Elektroautos als grüne Heilsbringer für den Verkehrsbereich angepriesen, die eine „emissionsfreie" Fortbewegung auf der Straße ermöglichen. Was sich vielversprechend anhört, weist bei genauerer Betrachtung doch einige Schwächen wie den hohen Fahrzeugpreis und die geringe Reichweite der verwendeten Akkus auf. Die gängigen Akkus schaffen derzeit ca. 16 kWh, mit denen eine Distanz von rund 100 Kilometern zurückgelegt werden kann. Greenpeace-Energiesprecher Jurrien Westerhof: „Auf den ersten Blick ist das keine große Distanz, aber man sollte bedenken, dass 80 Prozent der Autofahrten ohnehin über weniger als 100 km gehen." Was den Preis der Autos betrifft, weist Westerhof darauf hin, dass im Gegenzug die laufenden Energiekosten sehr gering sind. Und: „Elektroautos werden in der Zukunft noch billiger werden."

Ein gerechtfertigter Kritikpunkt ist, dass der Strom für Elektroautos oft aus unsauberen Quellen kommt: Die Akkumulatoren für den Elektromotor können prinzipiell an jede Steckdose angeschlossen und aufgeladen werden, wobei das Strom-Tanken an sogenannten Elektro-Tankstellen am gebräuchlichsten ist. Und genau da liegt der Hund begraben, weil der konventionelle Strom in Österreich zu einem großen Teil von fossilen Energieträgern kommt und daher alles andere als emissionsfrei ist. Daher kann man Elektroautos erst dann als „grün" bezeichnen, wenn

Wussten Sie, ...

... dass bei der Produktion eines Mittelklassewagens rund fünf Tonnen CO_2 anfallen? Das entspricht einer gefahrenen Strecke von 30.000 km.

... dass selbst auf Hauptverkehrsstraßen Radfahrer wegen der besseren Luftzirkulation unter wesentlich geringerer Abgasbelastung leiden als Autofahrer bei geschlossenen Fenstern?

... dass Sie im innerstädtischen Bereich auf Strecken bis ca. 5 Kilometer mit dem Rad schneller sind als mit jedem anderen Verkehrsmittel?

der Strom für den Betrieb der Autos aus zu 100 Prozent erneuerbaren Energieträgern stammt.

Die für den Betrieb des Elektromotors benötigte Energie wird in Form von Energiespeichern im Automobil mitgeführt. Diese gibt es in vielerlei Ausführungen wie beispielsweise Bleiakkumulatoren, Natrium-Nickel-Chlorid-Batterien (den sogenannten Zebrazellen) oder den gegenwärtig vorherrschenden Lithium-Ionen-Akkumulatoren, kurz Li-Ion-Akkus genannt. Und die weisen den nächsten Schönheitsfehler auf: In ihnen sind nämlich seltene Metalle und Erze enthalten, die aufgrund der großen Nachfrage – unter anderem für andere grüne Technologien wie beispielsweise die Photovoltaik – sowie natürlicher Gegebenheiten immer knapper werden. Konkret sind mit diesen sogenannten kritischen Metallen vor allem Kobalt, Lithium und alle Metalle, die unter den Sammelbegriff „seltene Erden" fallen, gemeint. Sie werden jedes Jahr zu Tausenden Tonnen abgebaut, nach einmaligem Gebrauch entsorgt bzw. unaufbereitet in die Dritte Welt exportiert – mit allen negativen Konsequenzen. Die Alternative hieße Recycling. Doch ein funktionierendes Recyclingverfahren existiert zurzeit noch nicht.

Flugreisen

Bei Flugreisen wird pro Kilometer und Person deutlich mehr an Treibhausgasen freigesetzt als bei Autofahrten; gegenüber Fernreisen mit dem Zug wird sogar 13-mal so viel emittiert (▶ Kasten). Dazu kommt: CO_2 ist in der Atmosphäre 2,7-mal schädlicher als in Bodennähe. Damit ist die

Klimawirkung beim Fliegen 35-mal schädlicher als beim Bahnfahren. Annähernd fünf Prozent der gesamten vom Menschen verursachten Klimaerwärmung gehen auf das Konto der Luftfahrt.

Fliegen wird von der Allgemeinheit subventioniert: Während Autofahrer für Treibstoff Mineralölsteuer zahlen und auch Strom und Diesel der ÖBB besteuert wird, werden für Kerosin keinerlei Abgaben eingehoben. Darüber hinaus sind Flughäfen von der Grundsteuer befreit.

Fluglinien müssen für Kerosin weder Steuern noch Abgaben zahlen

Fest steht: Trotz Dumpingpreisen bei Billigairlines hat auch das Fliegen seinen Preis. Wenn man die versteckten Kosten für Gepäckmitnahme, Sitzplatzreservierung, Abfertigungs- oder Buchungsgebühren hinzurechnet, sind die Billigflieger gar nicht mehr so günstig. Zusätzlich werden bei allen Fluggesellschaften Steuern und Sicherheitsgebühren fällig.

Bei Kurzstreckenflügen fällt auch das Argument des Zeitsparens weg. Die Zugfahrt von Wien nach München dauert knapp 4 Stunden, Tickets gibt es bei den ÖBB ab 29 Euro. Die reine Flugzeit von Wien nach München beträgt zwar nur 50 Minuten, dazu kommt aber die Zeit am Flughafen und der Flughafentransfer – 3,5 Stunden sind auch hier das Minimum. Tickets kosten je nach Angebot zwischen 50 und 100 Euro (One-way). Der Flugverkehr ist vom Klimaschutz ausgenommen. Gemäß Kyoto-Protokoll ist für den internationalen Flugverkehr niemand zuständig. Im österreichischen Kyoto-Bericht werden nur die Treibhausgasemissionen von Inlandflügen sowie von Starts und Landungen in Österreich zugerechnet. Das Umweltbundesamt schätzt, dass die tatsächlich von Österreich verursachten CO_2-Emissionen im Flugverkehr rund 10-mal höher sind als offiziell angegeben.

Die Luftfahrtindustrie schwärmt auf ihrer Homepage von einer „klaren Vision für einen sauberen Himmel". Das soll mithilfe von Biodiesel, treib-

Verkehrsmittel im Öko-Vergleich

CO_2-Emissionen pro Person und km (Quelle: VCÖ):

- Bahn .... 15 g
- Bus (Diesel) .... 30 g
- Auto (Benzin) .... 142 g
- Flugzeug .... 194 g

stoffarmen Flugzeugen und Streckenbereinigungen gelingen. Bill Hemmings, Luftfahrtexperte des europäischen Umweltverbandes Transport & Environment, hält das für unglaubwürdig. Die Luftfahrtindustrie habe Bemühungen, die Luftfahrt in den Emissionshandel einzubeziehen, bis zuletzt torpediert. Erst seit Anfang 2012 unterliegen alle Flüge, die in einem Land der EU starten oder enden, dieser Bestimmung, mit deren Hilfe die Emissionen schrittweise reduziert werden sollen (ETS – Emission Trading System). Bis heute ist es der Luftfahrtindustrie – im Gegensatz zu allen anderen Industriesparten – gelungen, einer Beschränkung der von ihr verursachten Treibhausgasemissionen zu entgehen.

Das Versprechen, auf Biotreibstoffe umzustellen, hält Hemmings für Vernebelungstaktik: „Es gibt gar keinen nachhaltigen Treibstoffersatz, der in ausreichender Menge zur Verfügung steht. Vielleicht kann man in 10 Jahren so weit sein, wenn man heute zu investieren beginnt." Aber selbst dann gehen optimistische Prognosen von einer Reduktion der Emissionen um lediglich 5 Prozent bis 2030 aus.

Die Luftfahrtindustrie weigert sich, die Treibhausgasemissionen zu reduzieren

Fluglinien im Ethik-Test

Für einen Ethik-Test, den der VKI in KONSUMENT 6/2010 veröffentlicht hat, wurden 28 europäische Fluglinien ausgewählt, Linienfluggesellschaften auf der einen Seite sowie Billigfluglinien und Charterfirmen auf der anderen Seite:

Nur vier Fluglinien haben einen Fragebogen ausgefüllt bzw. Unterlagen zur Verfügung gestellt (SAS, Finnair, Iberia und TUI). Die anderen wurden aufgrund der öffentlich zugänglichen Informationen bewertet (Berichterstattung, Websites, Sekundärquellen).

Die Untersuchung umfasste vier Hauptbereiche: Sozialpolitik, Umweltpolitik, Kundenbeziehungen und Transparenz. Der Schwerpunkt wurde auf den Bereich Umwelt gelegt, hier vor allem auf Maßnahmen zur Verminderung des Treibhauseffekts. Die zur Verfügung stehenden Informationen waren nur begrenzt vergleichbar und überprüfbar. So war keine Fluglinie imstande, konkrete Angaben zur Treibstoff-Effizienz zu machen (Verbrauch auf bestimmten Flugstrecken, Verbrauch pro Passagier ...). Als Branchenbeste wurden die Linienfluggesellschaften Air France KLM,

Lufthansa und SAS klassifiziert, von den Billig- und Chartergesellschaften schafften es nur die Airline des Reiseveranstalters TUI sowie die zur SAS Group gehörende Spanair. Unter den Nachzüglern fanden sich unter anderem Alitalia und Brussels Airlines sowie der aggressive Low-Cost-Carrier Ryanair. Unauffällig im Mittelfeld platziert waren die österreichischen Marktführer Austrian und Air Berlin.

Laut Untersuchungen der EU erfüllt nur ein Viertel der Fluglinien die Bestimmungen für Preistransparenz. Als besonders konsumentenfeindlich gelten EasyJet oder Ryanair, aber auch Air Berlin oder TUI.

Was Sie tun können

- Verzichten Sie wenn möglich aufs Fliegen, auf jeden Fall aber auf Inland- und Kurzstreckenflüge. Die Bahnfahrt dauert oft nur wenig länger, ist aber um vieles umweltfreundlicher.
- Wenn Sie einen Flug gar nicht vermeiden können, dann gleichen Sie die verursachten Emissionen über Klimaschutzprojekte bei Organisationen wie Atmosfair aus.

Gutes Gewissen kaufen

Immer mehr Unternehmen bieten Kompensationsprojekte für CO_2-Emissionen an (CO_2-Kompensation). Auf der Website des jeweiligen Anbieters wird die Flugroute eingegeben, woraufhin der Emissionsrechner den Umweltschaden und den daraus resultierenden „Kompensationsbetrag" ermittelt, der mit Kreditkarte bezahlt werden kann. Dieses Geld verwendet beispielsweise Atmosfair dazu, erneuerbare Energien vor allem in Entwicklungsländern auszubauen. Damit spart Atmosfair CO_2 ein, das sonst in diesen Ländern durch fossile Energien freigesetzt worden wäre.

CO_2-Kompensation – der moderne Ablasshandel

Das norddeutsche Institut für Tourismus- und Bäderforschung (N.I.T.) bewertete im Auftrag der Verbraucherzentrale Bundesverband (VZBV) im Jahr 2010 die Internetportale von acht Kompensationsagenturen, elf Fluggesellschaften und vier Reiseveranstaltern hinsichtlich ihrer Angebote zum freiwilligen CO_2-Ausgleich. Untersuchungskriterien waren: Berechnung der Treibhausgasemissionen, Qualität der Kompensations-projekte, Benutzerfreundlichkeit des Online-Angebotes sowie Transparenz der Kunden informationen. Die Studienergebnisse zeigten, dass von den Kompensationsagen-turen nur die Anbieter Atmosfair, MyClimate und GoClimate uneingeschränkt empfohlen werden können. Diese Unternehmen erfüllen alle Qualitätsstandards und unterstützen ausschließlich Projekte, die mit dem Gold Standard zerti-fiziert sind. Der Gold Standard stellt sicher, dass die Projekte den derzeit höchsten An-sprüchen gemäß dem „Clean Development Mechanism" entsprechen.

Da die Online-Reiseportale Opodo, Last-minute und Ebookers mit Atmosfair zusam-menarbeiten, können sie hinsichtlich der Projektqualität ebenfalls emp-fohlen werden. Fluggesellschaften hingegen geben durchwegs einen zu niedrigen CO_2-Wert zur Kompensation an. Atmosfair und MyClimate waren im Übrigen auch Spitzenreiter einer Untersuchung von 34 Kom-pensationsanbietern durch die Karl-Franzens-Universität Graz im Februar 2010.

Um eine angemessene Kompensation für eine Flugreise zu erreichen, ist eine realistische Berechnung der CO_2-Emissionen Bedingung. Dazu gehören mindestens die Angabe der Flugdistanz, der Zwischenlandungen und des RFI-Faktors, der den erhöhten Treibhauseffekt durch die großen Flughöhen berücksichtigt. Besonders auffallend war, dass viele der Flug-gesellschaften diesen Faktor bei der Berechnung der Treibhausgase nicht berücksichtigten oder keine Auskunft dazu gaben.

Fluglinien geben zu niedrige CO_2-Werte an

Trotz alledem sollte das Ziel sein, die Anzahl der Flüge wenn möglich zu verringern. Denn wie auch Atmosfair auf seiner Homepage anmerkt: „Kompensation kann das Klimaproblem nicht lösen, weil sie nichts an den eigentlichen CO_2-Quellen ändert. Sie ist aber so lange als zweit-beste Lösung notwendig, solange die beste Lösung noch nicht existiert." Die beste Lösung wären in diesem Fall Flugzeuge, die mit erneuerbaren Energien angetrieben werden – leider noch Zukunftsmusik.

Kreuzfahrten

Laut Statistik Austria hat sich die Zahl der Österreicher, die eine Urlaubsreise auf einem Kreuzfahrtschiff machen, von 2006 bis 2010 auf 44.400 im Jahr nahezu verdoppelt. Das Problem dabei: In der Schifffahrt wird zumeist billiges und extrem umweltschädliches Schweröl als Treibstoff verwendet. Eine siebentägige Schiffsreise verursacht daher mehr CO_2-Emissionen als ein durchschnittlicher Lkw im ganzen Jahr. Laut VCÖ-Expertin Ulla Rasmussen zählen Kreuzfahrtschiffe punkto Emissionen zu den schmutzigsten Verkehrsmitteln, die es gibt. So hat das 345 Meter lange Kreuzfahrtschiff Queen Mary II eine Kapazität von 4.381 Tonnen Heizöl, pro Tag werden rund 438 Tonnen verbraucht. Damit entspricht der tägliche Spritverbrauch dieses Schiffes dem Jahresverbrauch von 550 heimischen Autos. Die von den Schiffen verursachten Emissionen enthalten viele Rußpartikel, die gemäß Studien der UNEP (Umweltprogramm der UNO) den Klimawandel beschleunigen und eine hohe Gesundheitsbelastung für Mensch und Tier darstellen.

Besonders in der Kritik stehen die Reedereien Aida und TUI-Cruises – sie wurden im Jahr 2011 vom Naturschutzbund Deutschland zu „Umweltdinosauriern" gekürt. Der Negativpreis hat immerhin einiges bei den Verantwortlichen bewirkt – eifrig wird an Lösungen für umweltfreundlichere Schiffe gearbeitet. Ein Ansatz wäre laut VCÖ, schwefelarmen Treibstoff zu verwenden und Schiffe verpflichtend mit Rußpartikelfiltern auszustatten. Doch gerade die Ausstattung mit diesen Filtern wird von der Branche als noch nicht machbar bewertet.

Nachhaltiger Tourismus

Rund eine Milliarde grenzüberschreitende Reisen werden jährlich unternommen – das sind gut zweieinhalb Millionen Auslandsreisen pro Tag. Der Tourismus zählt weltweit zu den wichtigsten und am schnellsten wachsenden Wirtschaftszweigen. Er bietet, gerade für wirtschaftliche Randgebiete und Entwicklungsländer, Verdienstmöglichkeiten und Perspektiven. Doch der boomende Tourismus hat auch schwerwiegende

EARTHCHECK

LEGAMBIENTE
TURISMO

Beispiele für
Tourismus-Labels: The
Green Key, Earth Check,
Legambiente Turismo

Folgen: Die Urlaubsflüge heizen das globale Klima auf, die Ansprüche der Gäste verschärfen in den Zielgebieten Konflikte um Land und Wasser und erhöhen den Druck auf Ökosysteme. Angestellte werden zu prekären Bedingungen beschäftigt, Frauen benachteiligt und Kinder schutzlos der Ausbeutung preisgegeben.

Die Idee vom nachhaltigen oder sanften Tourismus fasst daher Umweltverträglichkeit, Sozialverträglichkeit, eine optimale Wertschöpfung und eine neue Reisekultur zusammen: qualitatives statt quantitatives Wachstum der Branche, Lebensqualität statt Konsumqualität für die Reisenden.

Allein aus den Ausschreibungen der Tourismusangebote ist jedoch meist wenig zur Nachhaltigkeit zu erfahren. Immer öfter werden zwar Reiseangebote mit Labels versehen, jedoch ohne konkrete Erläuterungen. Im weltweiten Tourismus gibt es mittlerweile mehr als 100 Gütesiegel von ganz unterschiedlicher Qualität – es ist nicht immer leicht, Seriöses von Unseriösem zu trennen.

Als Faustregel gilt: Je umfassender ein Label ökologische, soziale, wirtschaftliche und kulturelle Anliegen der gastgebenden Bevölkerung berücksichtigt, desto mehr kann es zur nachhaltigen Entwicklung beitragen. Richtig glaubwürdig wird ein Label, wenn die Zertifizierungskriterien offengelegt werden und deren Einhaltung von unabhängiger Seite überprüft wird (Übersicht über Tourismus-Labels ▶ Weblink Label-Guide am Ende des Kapitels).

Ökotourismus. Ökotourismus ist nach TIES (The International Ecotourism Society) eine verantwortungsvolle Form des Reisens in naturnahe Gebiete, die zum Schutz der Umwelt und zum Wohlergehen der ansässigen Bevölkerung beiträgt. Ökotourismus wird zum Teil auch in der Entwicklungszusammenarbeit als Instrument zur Förderung und Unterstützung der Regionalentwicklung gesehen. Oft werden jedoch auch Flugreisen in naturnahe Gebiete (z.B. Nationalparks) angeboten, was wiederum eine schiefe Optik ergibt.

Österreichisches Umweltzeichen. Das Österreichische Umweltzeichen war das erste staatliche Ökolabel im Tourismus weltweit. Es wurde 1996 für Hotels und Restaurants eingeführt und wird seit 2008 auch für

Campen für die Umwelt

Die Zeiten sind vorbei, da Camping vor allem eine kostengünstige Möglichkeit war, Urlaub zu machen – inzwischen ist es zu einer Philosophie geworden. Naturliebhaber schätzen den Aufenthalt im Grünen und die Gemeinschaft am Campingplatz. Und immer mehr Menschen interessieren sich für Umweltthemen, wie eine Umfrage von Ecocamping zeigt: 40 Prozent der Befragten gaben an, dass sie für die Wahl eines Platzes das Kriterium „Umweltauszeichnung" mit einbeziehen. Betreiber von Campingplätzen, die mit dem Österreichischen oder dem Europäischen Umweltzeichen ausgezeichnet sind, garantieren nachhaltiges und ökologisches Wirtschaften: mindestens 50 Prozent des Stroms aus erneuerbaren Quellen, wärmegedämmte Fenster oder ein eigenes Klärsystem – das sind nur einige der Kriterien, die Campingplätze zu erfüllen haben, bevor sie das Umweltzeichen beantragen können. In Österreich führen derzeit neun Campingbetriebe das Österreichische bzw. Europäische Umweltzeichen.

Wohlfühlcamping Zillertal

Internationale Labels

- Knapp 50 Betriebe in ganz Europa, davon 8 in Österreich, führen das EU-Ecolabel. Die Auswahlkriterien sind identisch mit denen des Umweltzeichens: www.eco-label.com.
- „The Green Key" kennzeichnet umweltfreundliche Tourismusbetriebe in Europa; Campingbetriebe vor allem in Frankreich, den Niederlanden, Belgien und Dänemark: www.green-key.org.
- Der italienische Umweltverband „Legambiente Turismo" arbeitet eng mit den Urlaubsregionen zusammen und stimmt die Kriterien mit diesen ab. Ausgezeichnet sind ca. 25 Campingplätze: www.legambienteturismo.it.
- Ecocamping ist eine Initiative für nachhaltigen Campingtourismus in Europa (vor allem Deutschland): www.ecocamping.net.

Pauschalreiseangebote in Österreich und anderen Ländern vergeben. Das Österreichische Umweltzeichen zeichnet u.a. Beherbergungsbetriebe für ihre Qualität und umweltfreundliche Politik aus. Ökologische Lebensmittel von regionalen Anbietern sind genauso selbstverständlich wie der verantwortungsvolle Umgang mit Wasser und Energie.

Zzvet/Shutterstock.com

Odyssee Reisen – das nachhaltige Reisebüro

Das Wiener Reisebüro Odyssee Reisen vermittelt sozial verträgliche und ökologisch nachhaltige Reisen. „Nachhaltiger Tourismus bedeutet vor allem, dass das Geld dort bleibt, wohin die Reise geht", erklärt Linda Nepicks, Mitarbeiterin bei Odyssee. „Bei herkömmlichen Tourismus-Angeboten werden Mensch und Natur im Urlaubsland oft ausgebeutet. Wir bieten statt All-inclusive-Urlaub kleine, landestypische Unterkünfte."

Ob Badeurlaub in Griechenland oder Wanderurlaub im Himalaya, es wird stets auf die lokale Wertschöpfung im Land und den schonenden Umgang mit Ressourcen geachtet.

„Optimal wäre ein Urlaub mit Bahn, Bus oder Schiff, aber dafür fehlt vielen die Zeit", ergänzt Nepicks. „Es kommt auch immer darauf an, wie gut die bereiste Region mit öffentlichen Verkehrsmitteln erschlossen ist."

Nepicks stellt jeden Urlaub individuell zusammen und geht auf die Wünsche ihrer Kunden ein. Nur Last-Minute-Angebote und Cluburlaube sucht man hier vergeblich.

Odyssee Reisen ist Partner des Forums Anders Reisen, eines Zusammenschlusses von 130 Reiseveranstaltern, die sich dem nachhaltigen Tourismus verpflichtet haben. Als erstes österreichisches Reisebüro erhielt es das Qualitätssiegel „CSR Tourism Certified", mit dem der aktuell höchste Nachhaltigkeitsstandard im Tourismus ausgezeichnet wird. Geprüft werden hier u.a. Kundenberatung, Unternehmensökologie sowie der Umgang mit Lieferanten und Mitarbeitenden. Darüber hinaus gehört das Reisebüro zu den Wiener ÖkoBusinessPlan-Unternehmen, die umweltrelevante Maßnahmen umsetzen und dabei Betriebskosten senken.

Was Sie tun können

- Nutzen Sie glaubwürdige Nachhaltigkeitslabels als Orientierungshilfe.
- Erkundigen Sie sich vor Reiseantritt bei Ihrem Anbieter und während des Urlaubs im Hotel sowie bei der Reiseleitung nach den sozialen und ökologischen Auswirkungen der angebotenen Leistungen.
- Bevorzugen Sie Tourismusanbieter, die ihre Verantwortung wahrnehmen und Sie umfassend darüber informieren.
- Fahren Sie wenn möglich mit der Bahn an Ihren Urlaubsort.

Skisport – Raubbau an den Alpen

Die Klimaerwärmung wirkt sich in Österreich in den alpinen Regionen besonders stark aus. Im vergangenen Jahrhundert ist die Temperatur in Österreich im Jahresmittel um 1,8 Grad C gestiegen, eine weitere Temperaturzunahme um 1 bis 2 Grad C würde die Wintersaison in den Alpen um 20 bis 40 Schneetage verkürzen. Schon in den letzten Jahren ist die Zahl der Tage mit einer geschlossenen Schneedecke um rund zwei Wochen zurückgegangen. Die Folge: In den Alpen werden immer mehr Skipisten künstlich beschneit – dafür werden jährlich an die 95 Mio. Kubikmeter Wasser für 24.000 Hektar Fläche benötigt. Das entspricht dem Jahresverbrauch einer Stadt mit 1,5 Mio. Einwohnern. Dieses Wasser fehlt während der Wintermonate in den Gewässern. Forscher haben festgestellt, dass seit Einführung der Schneekanonen in Bächen und Flüssen der französischen Alpen im Winter bis zu 70 Prozent weniger Wasser fließt. Natürliche Fließgewässer haben in den Alpen im Winter ohnehin einen niedrigen Wasserstand, und die Wasserentnahme für die Beschneiung kann auf die Artenzusammensetzung nachteilige Auswirkungen haben.

Aber nicht nur das: Die Produktion von Kunstschnee verschlingt in den Alpen pro Saison mehr als 600 Mio. kWh elektrische Energie; sie beginnt oft schon Anfang Oktober und dauert bis Anfang Mai. Und hier beißt sich die Katze in den Schwanz: Der hohe Energieverbrauch beschleunigt den Klimawandel und der wiederum den Rückgang des natürlichen Schneefalls ...

Alleine schon der Bau von Beschneiungsanlagen und Speicherseen (aus denen das Wasser für die Beschneiung entnommen wird) belastet Boden und Vegetation. „Mit der Errichtung von riesigen Speicherteichen wird ein gesamtes Berggebietsökosystem verändert", meint Peter Haßlacher vom Österreichischen Alpenverein dazu. Je nach Höhenlage braucht es Jahrzehnte bis Jahrhunderte, bis die Natur sich davon erholt hat. Kunstschnee ist viermal schwerer als echter Schnee, weniger wärmedämmend, und er braucht doppelt so lange zum Abschmelzen. Der erhöhte und verspätete Schmelzwasserabfluss kann Erosion, Vernässung und Abrutschgefahr auslösen.

Österreich hat die meisten Gletscherskigebiete in Europa, in Tirol befinden sich in einer Luftlinie von 80 km fünf Gletscherskiwelten. Und der

Kunstschnee ist viermal schwerer als echter Schnee

Bergsteigerdörfer

Die Initiative Bergsteigerdörfer des Österreichischen Alpenvereins vereint Ortschaften, die sich einem nachhaltigen Alpintourismus verschrieben haben. Hier ist das Bewusstsein für den notwendigen Einklang zwischen Natur und Mensch groß und man respektiert natürliche Grenzen. Werte wie Ortsbild und alpines Flair, Natur- und Landschaftsschutz, umweltfreundliche Mobilität und Verkehr, Kommunikation und Informationsaustausch werden in den Bergsteigerdörfern hochgehalten. Orte wie jene im Villgratental in Osttirol oder Hüttschlag in Salzburg setzen im Winter auf Skitourengeher, andere bieten Schneeschuhwanderungen, Eisklettern oder Langlaufen an. Vent im Ötztal hat auf ein eigenes Gletscherskigebiet und den Zusammenschluss mit dem Pitztaler Gletscherskigebiet verzichtet. Im Sommer reicht das Angebot von einfachen Wanderungen über Bergtouren bis zu alpinen Kletterrouten.

Druck auf unberührte Regionen nimmt zu. „Durch die Entscheidung der Tiroler Umweltbehörde, die Erschließung des Piz Val Gronda in der Gemeinde Ischgl/Paznauntal zuzulassen, wittern jetzt weitere Projektträger ihre Chance. Hier findet ein enormer Wettlauf um neue Gletscherskigebiete statt", erklärt Peter Haßlacher. „Der Alpenverein setzt sich dafür ein, dass keine neuen Gletscher mehr erschlossen werden."

Das Einhalten der Schneegarantie auf Österreichs Skipisten trotz des Klimawandels verursacht übrigens enorme Kosten: Laut Fachverband Seilbahnwirtschaft wurden für die Schneesicherheit seit 2008 rund 800 Mio. Euro investiert.

Links

Auto

VCÖ
www.vcoe.at

Pkws mit niedrigem CO_2-Ausstoß
http://marktcheck.greenpeace.at/pkws-niedriger-CO_2-ausstoss.html

Vergleich von Energieverbrauch und CO_2-Ausstoß im europäischen Verkehr
http://ecopassenger.com

CO_2-Rechner
www.umweltbildung.at/online-materialien/interaktive-tools/
   CO_2-rechner.html

Mitfahrzentralen
www.mitfahrzentrale.at
www.mitfahrgelegenheit.at
www.mitfahrangebot.de

Autofreie Siedlung
www.autofrei.org

Tipps zum Spritsparen
www.lebensministerium.at > Umwelt > Luft, Lärm, Verkehr > Verkehr >
   Lärmschutz > Mobilitätsmanagement > Spritsparen

Fliegen

Atmosfair
www.atmosfair.de

MyClimate
www.myclimate.org

GoClimate
www.goclimate.de

CDM Gold Standard
www.cdmgoldstandard.org

Tourismus

Forum Anders Reisen
http://forumandersreisen.de

Odyssee Reisebüro
www.odyssee-reisen.at

TourCert (CSR Tourism)
www.tourcert.org

Infos rund um fairen Tourismus
fairunterwegs.org
www.fairreisen.at

Label-Guide
www.nfi.at//dmdocuments/labelguide_de.pdf

Österreichisches Umweltzeichen
www.umweltzeichen.at

Alpenverein
www.alpenverein.at

Ethik-Tests und -Reports aus KONSUMENT

Zusammenfassung aller Beiträge auf
www.konsument.at > Ethik

Lifestyle

Öko-Schlapfen und sackähnliche Leinenkleider waren gestern. Nachhaltige Mode kann mit den Trends der Modeindustrie durchaus mithalten. Bei Computer und Handy gibt es allerdings nach wie vor kaum nachhaltige Alternativen.

Kleidung

Arbeitsbedingungen in der Bekleidungsindustrie

Kleidung, die wir in Europa kaufen, wird zum Großteil in Asien, Lateinamerika, Afrika und Osteuropa produziert. Von der Produktion in Billig-
lohnländern profitieren Textilkonzerne durch extrem niedrige Herstel-
lungs- und Lohnkosten – das gilt für Billigmarken ebenso wie für Desig-
nermarken. Wegen der schlechten Bezahlung ist es den Arbeiterinnen
trotz Überstunden nicht möglich, ihre Familien ausreichend zu versorgen
(90 Prozent der Arbeitskräfte in der Bekleidungsindustrie sind Frauen).
    Die Arbeitsbedingungen der Fabrikarbeiterinnen sind ebenfalls mi-
serabel. Immer wieder dringen Meldungen über Unfälle und Brände in
Textilfabriken, die Hunderte Arbeitskräfte das Leben kosten, an die Öffentlichkeit. Aber auch ohne spektakuläre Zwischenfälle riskieren die
Betroffenen Leben und Gesundheit. Im südindischen Bundesstaat Tamil
Nadu schuften Tausende junge Mädchen in zwangsarbeitsähnlichen Ver-
hältnissen. Für das Versprechen guter Bezahlung, bequemer Unterkünfte
und von Geld für ihre Mitgift verpflichten sie sich als Arbeitskräfte bei
Textil- und Bekleidungsfabriken. Dort erwarten sie unmenschliche Le-
bens- und Arbeitsbedingungen: Je nach Auftragslage werden die Mädchen gezwungen, bis zu 16 Stunden, in Produktionsspitzenzeiten sogar
bis zu 24 Stunden am Stück zu arbeiten. 18 Prozent der betroffenen
Mädchen sind jünger als 15 Jahre, 60 Prozent sind zwischen 15 und 18
Jahre alt. Unternehmen wie NKD, C&A und Markenfirmen wie Diesel,
Quiksilver, Ralph Lauren und Timberland beziehen Waren von Fabriken,
die diese Mädchen beschäftigen. Die Clean Clothes Kampagne bietet auf
ihrer Website einen Firmencheck an (▶ Weblinks am Kapitelende).

Modemarken im Ethik-Vergleich

Im Allgemeinen ist die Bekleidungsindustrie, vor allem in asiatischen
Ländern wie Bangladesch, geprägt durch 70-(und noch mehr)Stunden-
Wochen, Löhne unterhalb der Armutsgrenze, das Verbot gewerkschaft-
licher Organisierung, 12- bis 18-Stunden-Arbeitstage ohne Pausen,

**Kinderarbeit
ist die Regel:
18 Prozent der
Arbeiterinnen im
indischen Tamil
Nadu sind unter 15**

Kinderarbeit, mangelhafte Sicherheitsvorkehrungen. Große Unternehmen wie KiK, New Yorker, H&M & Co lassen ihre Produkte zu Billigstpreisen in Bangladesch produzieren.

Doch leider ist auch ein hoher Verkaufspreis kein Garant für faire Arbeit, wie beispielsweise in einem Ethik-Test von Jeansherstellern festgestellt wurde (KONSUMENT 7/2011). Ausgewählt wurden Jeans- bzw. Modemarken (Levi's, Diesel, Boss) sowie Handelskonzerne mit Eigenmarken (H&M, Zara, KiK). Das Testergebnis: H&M schnitt am besten ab, gefolgt von Zara und Jack & Jones. Textil-Diskonter KiK bewegte sich im Mittelfeld. Ausgerechnet die Designermarke Hugo Boss landete auf dem letzten Platz. Diesel, Lee und Wrangler verweigerten jede Auskunft.

Dass der Preis eines Kleidungsstücks nichts darüber aussagt, wie fair es in der Produktion zugeht, belegen auch die Berechnungen und Schätzungen über die Wertschöpfungsstruktur. Egal ob es sich um ein T-Shirt, ein Paar Jeans oder um Sportschuhe handelt – die Arbeiter bekommen in der Regel nicht einmal ein Prozent des Endverbraucherpreises als Lohn ausbezahlt; den Großteil kassieren die Markenfirmen und die Handelskonzerne. Selbst eine Lohnerhöhung um 100 Prozent würde sich auf den Verkaufspreis nur mit ein paar Cent auswirken (▶ Grafik).

Wie können Sie als Konsument reagieren? Einerseits sollten Sie Marken, die immer wieder im Kreuzfeuer der Kritik stehen, meiden. Sie können aber auch aktiv ein Zeichen setzen, dass Sie nicht damit einverstanden sind, wie Milliardenkonzerne mit Arbeitskräften in den armen Ländern des Südens umgehen – beispielsweise in Form von Online-Petitionen oder Protest auf der Facebook-Seite des Unternehmens; oder einfach durch eine E-Mail an die Kontaktadresse des Konzerns. „Ein Mail, verschickt von mehreren Leuten zu verschiedenen Zeitpunkten, reicht oft schon aus, um bei den Verantwortlichen die Alarmglocken schrillen zu lassen", bestätigt Claudia Sprinz, Konsumentensprecherin von Greenpeace. „Hier kann man sich auch mit Freunden und Bekannten absprechen."

Wer verdient an einem T-Shirt?
Die Näherin bekommt 19 Cent für ein T-Shirt, das im Einzelhandel 30 Euro kostet … das sind 0,6 Prozent (Quelle: Fair Wear Foundation)

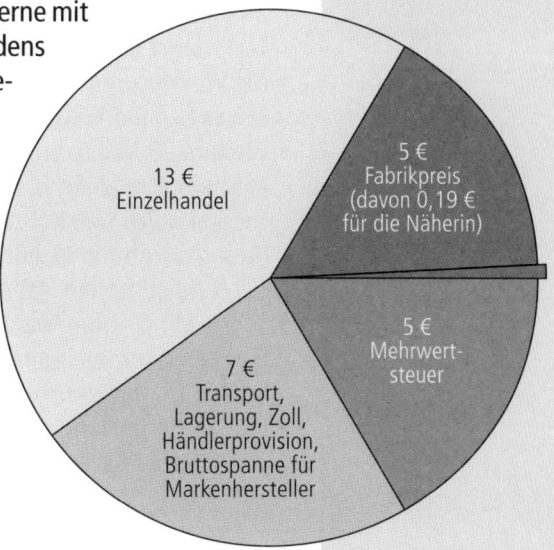

13 € Einzelhandel

5 € Fabrikpreis (davon 0,19 € für die Näherin)

5 € Mehrwertsteuer

7 € Transport, Lagerung, Zoll, Händlerprovision, Bruttospanne für Markenhersteller

Tödliches Strahlen

Altemeier & Hornung Filmproduktion

Um Jeans einen modisch abgenutzten Look zu verleihen, wenden viele Bekleidungsunternehmen die sogenannte Sandstrahltechnik an und riskieren damit die Gesundheit der Arbeiter. Das Sandstrahlen von Jeans hat fatale Folgen: Mit Schläuchen strahlen die Arbeiter – meist ohne ausreichende Schutzkleidung – quarzhaltigen Sand mit Hochdruck auf bestimmte Stellen des Stoffes. Dabei gelangen Unmengen von Sandstaub in die Luft und in ihre Lungen. Dort verursacht er schnell und mit hoher Wahrscheinlichkeit die unheilbare und oft zum Tod führende Krankheit Silikose (Staublunge). Trotzdem weigern sich einige Markenfirmen immer noch, auf diese Methode zu verzichten. Andere wie C&A, Levis, H&M, Vögele, Esprit und Mango haben sich öffentlich zu einem Sandstrahlverbot in ihrer Zulieferkette bekannt. Auch zum Thema sandgestrahlte Jeans gibt es bei Clean Clothes aktuelle Informationen (▶ Links am Kapitelende).

Ökologische Problematik
bei der konventionellen Baumwollproduktion

Beim Baumwollanbau werden immense Pestizidmengen eingesetzt

• Die Anbaufläche von Baumwolle weltweit beträgt nur 2,5 Prozent, doch werden für die Baumwollproduktion 25 Prozent aller weltweit eingesetzten Pestizide und 8 bis 10 Prozent des chemischen Düngers verwendet.

• Die Weltgesundheitsorganisation (WHO) schätzt, dass 20.000 Menschen jährlich aufgrund einer Vergiftung durch Pestizide sterben.

• Weitere 25 Millionen Menschen, die in der Baumwollproduktion in Entwicklungsländern tätig sind, erleiden jährlich akute Vergiftungen durch den Kontakt mit Pestiziden. Die Folgewirkungen dieser Vergiftungen sind unter anderem Krebs, Missbildungen bei Neugeborenen, Atembeschwerden sowie Unfruchtbarkeit.

• Schon ein einziger Teelöffel des in der Baumwollproduktion zweitmeist verwendeten „Aldicarb-Pestizids" auf der Haut reicht aus, um einen erwachsenen Menschen zu töten.

• Für die Herstellung eines einzigen Baumwoll-Shirts werden 2.700 Liter Wasser benötigt.

Gesundheitliche Belastung durch Schadstoffe

Bei Kleidungsstücken mit dem Hinweis „separat waschen" oder „vor dem Tragen waschen" haften die Farben besonders schlecht und können deshalb von der Haut aufgenommen werden. Weitere Kennzeichnungen, die auf Chemikalien in der Kleidung hinweisen:

- antimikrobiell (Mikroben abtötend)
- antismell (keine unangenehme Geruchsbildung, z.B. durch Tabakrauch)
- antistatisch (elektronische Aufladung verhindernd)
- bügelfrei (permanent press)
- chemisch reinigen – crash (künstliche Knitter)
- desodorierend (unangenehmen Körpergeruch beseitigend)
- easy-care-behandelt (Sammelbegriff für schmutzabstoßende und fleck-abweisende Pflegeausrüstung)
- fade out (färbt aus)
- flammgeschützt (nur importierte Bettwaren, Bodenbeläge, Kinder-bekleidung, Möbelbezüge, Matratzen)
- keine lokale Fleckentfernung möglich
- pflegeleicht
- sanitized (antimikrobiell)
- wash out (wäscht aus)

foto76/shutterstock.com

- Nach der Färbung werden 20 Prozent der Färbemittel in die Kanalisation oder in lokale Gewässer geleitet. Durch die globale Textilindustrie gelangen auf diese Weise jährlich 40.000 bis 50.000 Tonnen Färbemittel in das Wassersystem der Produktionsländer.
- Ein Kleidungsstück, dessen Rohbaumwolle aus den USA und dessen Polyesterfaseranteil aus Fernost kommt, das in Deutschland gewebt, in Tunesien geschneidert und bei uns verkauft wird, hat bereits rund 19.000 Kilometer zurückgelegt.

Giftige Chemikalien

Greenpeace startete 2011 die Detox-Kampagne, deren Ziel es ist, Verbindungen zwischen der von der Textilindustrie verursachten toxischen Wasserverschmutzung und vielen der weltweiten Top-Marken aufzudecken.

Die Textilindustrie
verschmutzt Gewässer

So sind bis zu 70 Prozent aller Gewässer in China von Wasserverschmutzung betroffen. Greenpeace hat Zusammenhänge zwischen mehreren bedeutenden Kleidermarken und Textilfabriken in China aufgedeckt, die gefährliche Chemikalien in Flüssen freisetzen. Nachfolgende Untersuchungen haben chemische Verbindungen in Kleidungsstücken von 14 großen Kleidermarken ergeben.

Levis, Nike, Adidas, Puma, H&M, Marks & Spencer, C&A, Li-Ning, Zara und Mango haben sich bereits im Zuge der Greenpeace- Kampagne dazu verpflichtet, ihre Kleidung zu entgiften.

Die Alternative: Bio-Baumwolle

In der Bio-Landwirtschaft wird für den Erhalt und die Verbesserung der natürlichen Bodenfruchtbarkeit mit Kompost gedüngt. Dadurch erhöht sich der Humusanteil des Bodens, der so mehr Wasser und CO_2 speichern kann. Zusätzlich verringert sich die Erosionsanfälligkeit. Die Bauern müssen einen Fruchtwechsel einhalten: Die Baumwolle wird im Wechsel mit anderen Kulturen angebaut. Dies dient ebenfalls der Bodenpflege und beugt der Vermehrung von Schädlingen und Krankheiten vor. Auch die gleichzeitige Aussaat anderer Pflanzen vermeidet unnötigen Spritzmitteleinsatz. So werden z.B. in Indien rund um die Baumwollfelder Castorbäume gepflanzt; diese locken Insekten an und schützen auf diese Weise die Baumwollpflanzen. Die Verwendung gentechnisch veränderter Pflanzen ist im Bio-Anbau verboten. Indien ist derzeit der größte Produzent von Bio-Baumwolle.

Welches Gütesiegel ist vertrauenswürdig?

Bio-Zertifikat
für Baumwolle
alleine reicht
nicht

Das Bio-Zertifikat für Baumwolle garantiert ausschließlich den ökologischen Anbau der Faser – über die Weiterverarbeitung bis hin zum fertigen Kleidungsstück sagt es nichts aus!

Noch weniger aussagekräftig ist das weitverbreitete Siegel Öko-Tex Standard 100, das überhaupt nichts über Anbau und Herstellungsbedingungen aussagt. Es bestätigt lediglich, dass das Endprodukt frei von Schadstoffen ist, nicht aber, dass bei der Produktion keine schädlichen Substanzen eingesetzt worden wären. Die Grenzwerte gehen überdies laut Greenpeace nur geringfügig über die gesetzlichen Anforderungen hinaus.

Die Siegel der großen Ketten wie C&A oder H&M garantieren immerhin die Verwendung von Bio-Baumwolle. Der Global Organic Textile Standard (GOTS) geht weit darüber hinaus – neben der Umweltfreundlichkeit im gesamten Produktionsprozess werden auch soziale Standards geprüft. Die Naturtextil-Branche hat ein eigenes Siegel, IVN Best – es garantiert das aktuell maximal umsetzbare Niveau an Textilökologie. So dürfen ausschließlich Fasern aus kontrolliert biologischem Anbau verwendet werden (GOTS verlangt nur 30 Prozent); auch bei Knöpfen oder Reißverschlüssen gibt es strenge Auflagen. Im Gegensatz zu GOTS gibt es allerdings keine sozialen Auflagen. Grundsätzlich ist zu unterscheiden zwischen

- unabhängigen Gütesiegeln bzw. auf Initiative von NGOs oder unter deren Beteiligung entstandenen Siegeln (z.B. GOTS) und
- unternehmenseigenen (z.B. bioRe).

Unabhängige Gütesiegel werden durch Zertifizierungsorganisationen vergeben. Kriterien für die Zertifizierung sind vor allem der Verzicht auf Kinderarbeit sowie die Einhaltung von Mindestlöhnen und Mindest-Arbeitsstandards. Gütesiegel, die von einer unabhängigen Organisation vergeben oder zumindest mitgetragen werden, sind glaubwürdiger als unternehmenseigene.

Es muss nicht immer Baumwolle sein

Naturfasern wie Flachs (Leinen) oder Hanf sind, was Anbau und Wasserverbrauch betrifft, erheblich umweltfreundlicher als Baumwolle. In Mitteleuropa waren beide Fasern lange Zeit neben Schafwolle die einzigen Textilfasern und wurden erst durch den Siegeszug der Baumwolle Ende des 19. Jahrhunderts fast vollständig verdrängt. Hanf und Flachs sind robuste Pflanzen. Sie kommen mit kargen Böden, wenig Wasser und klimatischen Bedingungen, wie sie in Europa üblich sind, aus. Deshalb sind sie für die Öko-Textilindustrie besonders gut geeignet. Wer Kleidung

Jan Havlicek/Shutterstock.com

aus tierischen Fasern wie z.B. Schafwolle oder Seide bevorzugt, kann mittlerweile auch diese in Bio-Qualität bekommen.

Die Mehrheit der Fasern für Kleidung sind heute allerdings Synthetikfasern. Deren Nachteile sind die Abhängigkeit vom nicht erneuerbaren Rohstoff Erdöl und der hohe Energiebedarf für ihre Herstellung. Bei der Verarbeitung von Synthetikfasern zu Kleidungsstücken kann jedoch genauso auf umwelt- und gesundheitsschädliche Chemikalien verzichtet werden wie bei Naturfasern.

Darüber hinaus lassen sich Synthetikfasern gut recyceln. Die Outdoor-Firma Patagonia etwa stellt einen großen Teil ihrer Funktionsbekleidung aus recycelten Plastikflaschen her. 25 Flaschen werden für die Herstellung einer Fleecejacke benötigt. Derzeit entwickelt Patagonia ein Verfahren, um selbst alte Fleecejacken recyceln und neue Kleidungsstücke aus ihnen produzieren zu können .

Öko-Kleidung ist nicht automatisch teurer! Zwar stellen viele Firmen Öko-Mode her, die durchaus ihren Preis hat, für Jeans und T-Shirts aus Bio-Baumwolle muss der Kunde aber nicht unbedingt mehr zahlen als für konventionelle Mode. Bei den großen Ketten gibt es oft Öko-Ware, bei der gar keine Preisunterschiede mehr existieren.

Fair ist nicht (immer) gleich bio

Obwohl das Fairtrade-Gütesiegel in erster Linie ein Sozialsiegel ist und kein Umweltsiegel, wird mit den Umweltkriterien in den Fairtrade-Standards das Ziel verfolgt, landwirtschaftliche Produkte ressourcenschonend und umweltverträglich anzubauen. Daher kommen die Materialien für Fairtrade-Mode oftmals aus biologischem Anbau – aber eben nicht immer.

Wäre der faire Handel von Anfang an mit „bio" verknüpft, würden damit viele der ärmsten Bauernfamilien vom fairen Handel ausgeschlossen. Deshalb verfolgt Fairtrade eine Strategie, die Produzentenorganisationen bei der Umstellung auf nachhaltige Landwirtschaft fördert.

Anukoo

Die Kollektionen des Modelabels der EZA Fairer Handel GesmbH, Österreichs größter Importorganisation im fairen Handel, entstehen in Partnerbetrieben auf Mauritius und in Indien. Dazu ist Katharina Mühlberger, die Fashion-Verantwortliche von EZA Fairer Handel, regelmäßig vor Ort. Die Zusammenarbeit mit Craft Aid auf Mauritius geht in das achte Jahr, Craft Aid hat sich zu 100 Prozent den Kriterien des fairen Handels verpflichtet: Geregelte Arbeitszeiten, ein sicheres und wertschätzendes Arbeitsumfeld, deutlich höhere Löhne als in der Branche üblich, eine Gewinnbeteiligung und eine gewählte Arbeitnehmervertretung sind selbstverständlich.

Auch Rajlakshmi Cotton Mills, eine Textilfabrik im indischen Kolkata, achtet die Arbeitsrechte der dort Beschäftigten und übernimmt Verantwortung für die gesamte Produktionskette. Wie im Betrieb auf Mauritius kommt auch hier ausschließlich Fairtrade-zertifizierte Bio-Baumwolle zum Einsatz. Rajlakshmi bezieht diese von der Chetna Organic Farmers Association, einer indischen Genossenschaft von Kleinbauern und -bäuerinnen. Der Dachverband versorgt die Mitglieder mit biologischem Saatgut und schult sie in der nachhaltigen Nutzung der kleinen Anbauflächen.

EZA Fairer Handel setzt auf Transparenz: „Bei den Kleidungsstücken sind auf den Labels alle Produzenten und Organisationen der Baumwolle gut sichtbar aufgeführt", erklärt Pressesprecherin Andrea Reitinger. Die Bio-Baumwoll-Textilien der Marke Anukoo sind mit den Gütesiegeln „Fairtrade Certified Cotton" und „GOTS-Global Organic Textile Standard" zertifiziert. Beide Siegel garantieren eine transparente Produktionskette vom Baumwollfeld bis zum fertigen Kleidungsstück sowie hohe soziale und ökologische Standards. Die Modelinie ist bei Anukoo Fair Fashion in Wien und in den österreichweit vertretenen Weltläden erhältlich.

Susanne Wolf

Versammlung in der Baumwollgenossenschaft Chetna Organic/Indien

Hier gibt es faire und ökologische Mode (nicht immer mit Gütesiegel)

- Fairtrade
- Göttin des Glücks
- Anukoo
- Muso Koroni
- Adler Moden

- Schiesser
- Jack&Jones u.a.

Bio-Baumwolle

- H&M Conscious Collection
- C&A
- Grüne Erde
- Waschbär u.a.

Daunenprodukte

Daunen werden entweder von der Gans oder von der Ente gewonnen, die Schwerpunktländer sind Ungarn, Polen und China. Für die sogenannte „Daunenernte" gibt es zwei Methoden: den Totrupf (Nassrupf) und den Lebendrupf.

Lebendrupf ist in den Hauptproduktionsländern Standard. Die Gänse werden 2- bis 4-mal in ihrem kurzen Leben von sogenannten Federbrigaden per Hand gerupft. Dies geschieht im Akkord, innerhalb von 5 Stunden sind etwa 3.000 Tiere kahl gerupft. Die Federn werden von Hals, Rücken und Bauch/Brust gerissen. Dabei werden die Tiere schwer verletzt. Die Wunden werden sofort ohne Betäubung genäht.

In der EU ist Lebendrupf verboten, Ausnahme ist der sogenannte „Mauserrupf". Die Mauser ist jene Zeit, in der Gänse das alte Federkleid abstoßen, weil neues nachwächst – die Daunen sitzen dann lockerer. Fakt ist jedoch: Auch beim „Mauserrupf" werden Tiere schwer verletzt, wie Recherchen der Tierschutzorganisation Vier Pfoten auf ungarischen Gänsefarmen ergaben. Durch die Vier-Pfoten-Kampagne konnte der Lebendrupf in Polen bereits um über 90 Prozent verringert werden, jedoch verlagert sich diese unschöne Praxis nun immer mehr Richtung Osten, vor allem nach China.

Eine Alternative zum Lebendrupf ist der **Totrupf.** Dabei werden die Daunen und Federn in einem Wachsbad vom geschlachteten Tier entfernt. Doch auch hinter dieser Methode steckt Tierquälerei: Viele Graugänse, deren Daunen aus Totrupf stammen, leiden in der Stopfleberproduktion.

Gänse leiden bei der „Daunenernte"

Stopfleber, teuer verkauft als Fettleber oder Foie Gras, bedeutet: Zwangs-ernährung von Gänsen und Enten mit unnatürlich großen Mengen an Futter, wodurch sich ihre Leber um ein Vielfaches vergrößert. So bekommt eine Gans die Futtermenge von 850 Gramm gewaltsam verabreicht, während sie normalerweise täglich ca. 150 bis 200 Gramm fressen würde.

Selbst Experten können nicht unterscheiden, ob verarbeitete Daunen aus Lebend- oder aus Totrupf stammen. Die Daunen aus Lebendrupf können sich im billigen Kissen vom Diskonter befinden wie auch in der 500 Euro teuren Outdoor-Jacke. Das von der Daunenindustrie angeführte TÜV-Siegel hat sich nach Recherchen des schwedischen TV und von Vier Pfoten als völlig untauglich herausgestellt. Die Besuche der Kontrollore werden in der Regel langfristig angemeldet und sind somit wenig aussagekräftig. Der TÜV Nord sah sich bei der Anfrage von Journalisten nicht in der Lage, zu erklären, wie die Betriebe kontrolliert werden und ob Lebendrupf beim TÜV-Siegel ausgeschlossen ist. Solche Siegel scheinen somit in erster Linie dazu zu dienen, Kunden zu beschwichtigen – mehr Engagement wäre gefragt.

Vier Pfoten/farmwatch

Was Sie tun können

- Vermeiden Sie Daunen. Greifen Sie stattdessen zu alternativen Produkten: Synthetikprodukte sind preiswerter, feuchtigkeits-resistent und auch für Allergiker geeignet – Daunenprodukte dagegen ziehen Milben an. Synthetikprodukte können recycelt werden und sind sehr lange haltbar – die Umweltbilanz von aufwendig aufbereiteten Daunen aus industrieller Landwirtschaft hingegen ist fatal.
- Auch die Pflanzenfaser Kapok, die sogenannte „Pflanzendaune", eignet sich als Ersatz für Daunen. Die Faser, die aus Palmen gewonnen wird, isoliert hervorragend. Kapokprodukte bewegen sich in einem ähnlichen Preissegment wie Daunenprodukte.
- Vorbildlich agiert die Marke Grüne Erde: Decken und Kissen sind zu 100 Prozent mit Naturmaterialien wie Schafschurwolle, Baumwolle oder Kapok gefüllt.

Schuhe

Sklavenähnliche Arbeitsbeziehungen in Brasilien, grausame Misshandlung von Rindern in Indien: In den Vorstufen der Schuherzeugung herrschen unbeschreibliche Zustände. Indien ist einer der fünf größten Hersteller von Rinderhäuten, die jährliche Produktion beläuft sich auf 400.000 Tonnen (2009). Und das in einem Land, in dem Kühe als heilig angesehen werden. Hindus töten sie nicht und würden sie auch nicht essen – daher werden in den Schlachthäusern hauptsächlich Moslems beschäftigt.

In einer Kooperation europäischer Verbraucherorganisationen (darunter der VKI) wurden international tätige Unternehmen auf ihre gesellschaftliche Verantwortung hin geprüft. Der Schwerpunkt lag bei der Lederbeschaffung (▶ Testmagazin KONSUMENT 4/2012). Ergebnis: Die Markenkonzerne wissen oft nicht, woher das Leder für ihre Schuhe stammt. Sie haben vielleicht noch einen Überblick über die Schuhfabriken, die sie beliefern, aber woher diese die Vorfabrikate beziehen, bleibt im Dunkeln. Das trifft vor allem in Indien zu, wo Tausende von Kleinbetrieben Leder für den Weltmarkt erzeugen.

Die Herkunft des Leders ist oft unbekannt

Viele Schuhe sind giftig und können krank machen. Die Ausgangsmaterialien und Zutaten wie Kleber enthalten Gifte, die Allergien auslösen und teilweise sogar krebserregend sind. Das betrifft vor allem die in der Schuhproduktion Beschäftigten, die täglich von diesen Materialien umgeben sind oder barfuß in den Chemikalien stehen. In Kanpur, der Lederschuhmetropole Indiens, werden die toxischen Abwässer der Produktion oftmals ungefiltert in den Ganges abgelassen.

Das Gerben von Leder zählt überhaupt zu den schmutzigsten Industriezweigen der Welt. Zu 80 bis 85 Prozent wird noch immer mit Chrom gegerbt, obwohl es weniger umweltschädliche Methoden gäbe. Am schlimmsten ist es in Indien, Bangladesch und Nepal: 40 Prozent der Gerbereiarbeiter leiden an Hautkrankheiten, Asthma oder anderen durch Chemikalien bedingten Krankheiten. In der Umgebung von indischen Gerbereien wurden sowohl im Grundwasser als auch im Boden starke Konzentrationen von Chrom nachgewiesen, auch des hochgiftigen Chrom(VI) – es verursacht Krebs und schädigt das Erbgut. Im Endprodukt, den Schuhen, befindet sich ebenfalls Chrom in teilweise hohen Konzentrationen; neben Arsen, Blei und Quecksilber.

Gerben mit gesundheitsschädlichem Chrom ist weit verbreitet

Gerberei in Indien:
Arbeiter stehen
bis zu den Knöcheln
in der giftigen Brühe

Alternativen

Get Changed, ein Netzwerk für faire Mode, hat für seinen Good Shoe Guide über vierzig Firmen befragt, die ihren Versprechungen nach großen Wert auf ökologische und soziale Aspekte der Produktion legen. Auffällig ist: Fast alle der Firmen im Good Shoe Guide stellen ihre Schuhe in Europa her, oftmals im eigenen Atelier. Bei der Produktion in Deutschland oder England kann man auch ohne Zertifikat relativ sicher sein, dass die Arbeitsbedingungen europäischen Standards entsprechen, wenn auch nicht immer alle Gesetze eingehalten werden. Zudem gilt in allen EU-Ländern die REACH-Verordnung, welche die Verwendung besonders toxischer Stoffe verbietet. In Österreich gibt es mehrere Anbieter ökologisch vertretbarer Schuhe:

- GEA – Waldviertler
- Think Shoes
- Muso Koroni (vegane Schuhe)
- Boombuz u.a.

Was Sie tun können

- Kaufen Sie nur Kleidung und Schuhe, die Sie wirklich brauchen.
- Kaufen Sie qualitativ hochwertige und langlebige Kleidung und finden Sie Ihren eigenen Stil, statt jährlich wechselnden Modetrends zu folgen.
- Kaufen Sie Second-Hand-Mode.
- Aussortierte Kleidung können Sie verschenken, tauschen, verkaufen oder spenden.
- Zeigen Sie Ihr Interesse an fair produzierter Kleidung, indem Sie Fragen nach Produktionsbedingungen an das Personal und Management Ihrer bevorzugten Bekleidungsgeschäfte richten, z.B. auch über Social-Media-Plattformen wie Facebook.
- Orientieren Sie sich an den Ethik-Tests der Zeitschrift KONSUMENT oder informieren Sie sich auf den Websites der Fair Wear Foundation sowie der Clean Clothes Campaign über Textilunternehmen, die sich einer fairen und sozialen Produktion verschrieben haben.

Clean Clothes Campaign

Kosmetika

Schöner Schein

Mehr als 5 Milliarden Kosmetikprodukte werden in der Europäischen Union jedes Jahr verkauft. Dazu gehören Make-up, Seifen und Duschgels, Haarpflege- und Rasierprodukte, Zahnpasten und Mundspülungen, Deodorants und Parfums sowie Hautpflegeprodukte. Die Werbung trägt ihren Teil dazu bei: Sie preist Cremen und Mittelchen für jede Lebenslage an – Pflegeprodukte, die mehr versprechen, als sie halten.

Wenn man herkömmliche Kosmetikprodukte genauer unter die Lupe nimmt, wird der schöne Schein einigermaßen angekratzt: Manche sind reine Chemieprodukte, die meisten wurden irgendwann an Tieren getestet.

In der EU sind über 100.000 verschiedene Chemikalien registriert, die allermeisten davon hinsichtlich Gesundheits- und Umweltbelastung nicht ausreichend untersucht. So ist beispielsweise für mehr als 80 Prozent aller Chemikalien nicht bekannt, ob sie Krebs auslösen können. Seit 2007 ist in der EU zwar die Chemikalien-Verordnung REACH (engl.: Registration, Evaluation, Authorisation and restriction of CHemicals) in Kraft: Danach müssen alle Chemikalien registriert, auf die von ihnen ausgehenden Gefahren untersucht und besonders gefährliche Stoffe eingeschränkt oder verboten werden. Auf dem europäischen Markt sollen sich in Zukunft keine Chemikalien mit unbekanntem Gefährdungspotenzial mehr befinden. Allerdings wird es bei der riesigen Zahl an alten und neuen Chemikalien noch Jahrzehnte dauern, bis die Gefahr durch Umweltgifte gebannt sein wird.

> **Kosmetika sind nicht selten Chemiebomben**

Die Kosmetikverordnung regelt die Zulassung von Chemikalien, aber auch hier sind noch viele Lücken vorhanden. So sind künstliche Duftstoffe wie Moschusverbindungen schwer abbaubar und reichern sich in der Umwelt an. Künstliche Moschusverbindungen finden sich als Duftstoffe nicht nur in Parfums, sondern auch in Waschmitteln, Reinigungsmitteln, Geschirrspülmitteln, Hautcremen, Seifen, Badezusätzen, Haarshampoos, Toilettewässern, Deodorants, Raumsprays, Insektensprays, Räucherstäbchen und Textilien. In Naturkosmetikprodukten sind künstliche Moschusverbindungen jedoch verboten.

Konservierungsstoffe wie Triclosan, Quaternium 15 oder Chlorhexidin in Kosmetika sollen die Haltbarkeit von Produkten verlängern, können aber Gesundheit und Umwelt belasten. Wissenschaftliche Studien beschreiben z.B. Allergien und Dermatitis, Augen- oder Leberschäden als mögliche Auswirkungen dieser Stoffe. Triclosan reichert sich in der Umwelt an, die Konservierungsstoffe sind auch im menschlichen Körper nachweisbar. Als problematisch gilt auch der Einsatz hormonell wirksamer Chemikalien wie Parabene. Sie sind zwar nur in geringen Mengen, aber in sehr vielen Kosmetika enthalten. Einer Studie des Bundes für Umwelt und Naturschutz (BUND) zufolge sind in jedem dritten Kosmetikprodukt in Deutschland hormonell wirksame Substanzen enthalten. Deren Verwendung ist legal, obwohl sie das menschliche Hormonsystem stören und letztlich zu hormonbedingten Krebsarten wie Brust- oder Hodenkrebs führen können.

Tierversuche

Seit dem 11. März 2013 gibt es ein EU-Verkaufsverbot für Kosmetikprodukte, deren Inhaltstoffe an Tieren getestet wurden. Doch das bedeutet leider nicht, dass nun keine Tiere mehr gequält und getötet werden, denn dieses Verbot gilt nur für Inhaltstoffe, die ausschließlich in Kosmetika eingesetzt werden. Stoffe, die auch anderweitig verwendet werden können – und das ist die Mehrzahl –, unterliegen nach wie vor der Chemikaliengesetzgebung, die die Prüfung an Tieren vorschreibt. Tierversuche für Kosmetika wird es somit auch künftig geben. Und nicht nur das: Auch Arzneimittel, Impfstoffe und Seren werden an Tieren getestet. Rund 100 Millionen Tiere werden jährlich weltweit für Laborexperimente missbraucht. Der Gesetzgeber verlangt alle diese Tierversuche, obwohl sie laut Vier Pfoten nicht immer notwendig wären. Die Entwicklung weiterer alternativer Methoden wäre ein wichtiger Schritt für den Tierschutz. Die Tierversuchsgesetzgebung schreibt vor, dass Versuche an Tieren nur durchgeführt werden dürfen, wenn keine alternativen Methoden zur Verfügung stehen. Laut Vier Pfoten gibt es bereits rund 8.000 Inhaltstoffe, die zur Verwendung in Kosmetika zugelassen sind. Aber der Drang der Kosmetikfirmen, immer neue und verbesserte Inhaltstoffe zu finden, bedeutet, dass weiterhin Substanzen an Tieren getestet werden.

Die Alternative: Naturkosmetik

Achten Sie auf Gütesiegel für Naturkosmetik wie Austria Bio Garantie, Lacon, Demeter, BDIH, Ecocert oder NaTrue. Seit März 2010 gibt es ein österreichisches Gütezeichen: ANC (Austria Natur Kosmetik), das allerdings noch nicht weit verbreitet ist. Bezeichnungen wie „natürlich" oder der Hinweis auf pflanzliche Inhaltstoffe reichen nicht für garantiert kontrollierte Naturkosmetik.

Achten Sie auch auf hohe Qualität bei den Inhaltstoffen – Paraffine und Silikone (diese werden aus Erdöl hergestellt) sind ein billiger Ersatz für hochwertige Pflanzenöle und Fette. Erdölerzeugnisse überziehen die Haut mit einem undurchlässigen Film, der die natürliche Atmung der Haut verhindert.

Was kontrollierte Naturkosmetik bedeutet

• naturreine, ökologisch hochwertige Rohstoffe
• optimale Umweltverträglichkeit der Wirkstoffe
• natürliche und naturidente Konservierungsstoffe
• keine synthetischen Duftstoffe, synthetischen Farbstoffe oder Silikone
• keine radioaktive Bestrahlung von Rohstoffen und Endprodukten
• gentechnikfreie Verarbeitung
• keine Tierversuche

Folgende Labels garantieren tierversuchsfreie Kosmetik:

• HCS/Humane Cosmetics Standard (der „springende Hase")
• IHTK/Deutscher Tierschutzbund
• Veganblume
• BDIH Naturkosmetik

Naturkosmetikmarken wie The Body Shop, Lush oder Alverde (dm) setzen sich besonders gegen Tierversuche ein. The Body Shop besteht u.a. darauf, dass Zulieferfirmen ihre Inhaltsstoffe nicht an Tieren testen. Mark Constantine, Gründungsmitglied der britischen Naturkosmetik-Marke LUSH, schrieb im Jahr 2012 einen Preis aus, der dazu beitragen sollte, Tierversuchen für Kosmetika endgültig ein Ende zu bereiten. Das Preisgeld in Höhe von insgesamt 250.000 Pfund sollte den Druck auf Wissenschaft und Wirtschaft erhöhen, Sicherheitstests für Produkte tierversuchsfrei zu gestalten.

HSC, IHTK, Veganblume
und BDIH

Vorsicht, Keime!

Wichtig: Da Naturkosmetik-Cremen weitgehend auf Konservierungsmittel verzichten, muss sorgsam damit umgegangen werden. Um das Risiko eines etwaigen Keimbefalls von vornherein gering zu halten, kaufen Sie am besten Creme in Tuben mit kleiner Öffnung. So ist sie besser vor Keimen geschützt als in Tiegeln. Entnehmen Sie die Creme nur mit sauberen Fingern oder noch besser mit einem sauberen Spatel und verschließen Sie sie danach wieder luftdicht. In der Wärme gedeihen Keime besonders gut; ideal für die Aufbewahrung wären 18 bis 20 Grad Celsius.

Achten Sie auch auf das Mindesthaltbarkeitsdatum bzw. auf das Symbol des geöffneten Tiegels mit Verfallsangabe. Es gibt an, wie lange das Produkt nach dem ersten Öffnen haltbar ist. In jedem Fall gilt: Einmal geöffnet, sollten Naturkosmetik-Produkte zügig aufgebraucht werden. Haben sich Geruch, Farbe oder Konsistenz verändert, ist die Creme ein Fall für den Mistkübel.

Das Österreichische Umweltzeichen

Im Kosmetikbereich gibt es – anders als bei Wasch- und Reinigungsmitteln – fast keine gesetzlichen Vorgaben, um die Umweltbelastung zu verringern. Weder ist die Abbaubarkeit der waschaktiven Substanzen vorgeschrieben, noch müssen umweltschädliche Produkte nach den Regeln des Chemikalienrechts gekennzeichnet werden. Die EU-Kommission hat daher Ende 2006 Ecolabel-Kriterien für „Körperseifen, Shampoos und Hairconditioner" beschlossen. Das Österreichische Umweltzeichen baut auf dieser EU-Richtlinie auf. Wichtige Punkte dabei sind: geringere toxikologische Belastung der Gewässer und Kläranlagen, gute Abbaubarkeiten des Produkts sowie keine Duftstoffe, die allergieauslösend wirken. In Baby- und Kinderprodukten dürfen nur sehr geringe Mengen an Parfum enthalten sein. Darüber hinaus werden durch die Kriterien nach dem Prinzip „viel Produkt mit wenig Verpackung" die Abfallmengen reduziert.

Computer und Handy

Die Produktion von Mobiltelefonen

100 Euro Lohn pro Monat, winzige Zimmer für fünf bis zehn Arbeitskräfte, meist ohne Fließwasser, Toiletten am Gang: So sehen die Lebensbedin-

gungen für Angestellte der Firmen Foxconn und Wintek, Zulieferbetriebe von Elektronikkonzernen wie Apple, Hewlett Packard oder Nokia, aus. In der Sonderwirtschaftszone nahe dem südindischen Chennai arbeiten die Menschen in achtstündigen Schichten. Nach diesem Muster wird auch

„Zum Überleben zu wenig"

Laura Ceresna arbeitet in der indischen Metropole Bangalore für die Arbeitsrechtsorganisation Cividep (Civil Initiatives for Development and Peace), die sich für die Einhaltung von Arbeitsrechten in der Bekleidungs- und Elektronikindustrie einsetzt.

Können Sie etwas aus dem Alltag der Arbeitskräfte in der Handyproduktion erzählen?
Alle Arbeitskräfte arbeiten im Schichtsystem, es gibt entweder drei Schichten, wie bei Nokia, oder zwei Schichten wie z.B. bei Wintek. Die Mitarbeiter müssen ein bis zwei Stunden mit dem Firmenbus zur Arbeit fahren. Sie können es sich nicht leisten, in der Nähe der Fabrik zu wohnen, da die Mieten dort höher sind. Nach acht Stunden Schichtarbeit geht es wieder mit dem Firmenbus nach Hause. Die meisten teilen sich Ein- oder Zwei-Zimmer-Wohnungen mit drei bis sechs anderen, um Mietkosten zu sparen. Die meisten Wohnungen sind unmöbliert, man schläft auf Strohmatten auf dem Boden.

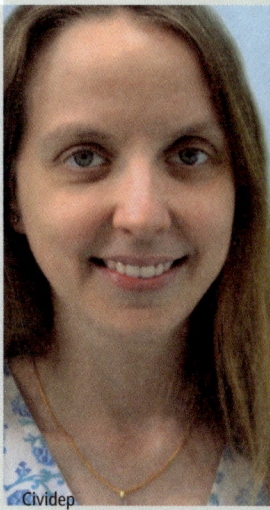

Cividep

Laura Ceresna
Indische Arbeits-
rechtsexpertin

Wie reagieren die Hersteller auf Ihre Proteste?
Auf den letzten Bericht von Südwind und Cividep haben nur Foxconn und Wintek öffentlich reagiert. Die Firma Foxconn berief sich darauf, dass sie Löhne über dem gesetzlichen Mindestlohn bezahlt. Unser Bericht zeigt jedoch, dass eben dieser gesetzliche Mindestlohn so niedrig ist, dass man damit den Lebensunterhalt einer Familie nicht sichern kann.

Konnten Sie schon Verbesserungen erreichen?
Wir klären die Arbeiter und Arbeiterinnen seit 2008 über ihre Rechte auf, z.B. über ihr Recht, eine Gewerkschaft zu gründen oder einer Gewerkschaft beizutreten. Bei Nokia wurde 2009 eine Gewerkschaft gegründet, bei Foxconn 2010. Viele Mitarbeiter haben noch keine Erfahrung mit Gewerkschaften, was von den Firmen gerne genutzt wird, sie einzuschüchtern (▶ http://cividep.org).

Südwind

geschlafen – abwechselnd, am Boden auf Strohmatten. Das Arbeitsrecht wird konzernfreundlich ausgelegt, bei Streiks werden mitunter alle beteiligten Angestellten gekündigt. Sie ernähren von ihrem Lohn aber nicht nur sich selbst, sondern müssen auch ihre Familie unterstützen.

1,8 Milliarden Handys wurden im vergangenen Jahr weltweit verkauft, über drei Millionen davon allein in Österreich. Die Anzahl der SIM-Karten stieg um fünf Prozent auf fast 13 Mio. Stück – jeder Österreicher/jede Österreicherin besitzt also im Schnitt 1,5 Handys. Die Inder und Inderinnen, die dafür unter unmenschlichen Bedingungen schuften, bekommen nicht einmal ein Prozent des Verkaufspreises. Sie sind jung, zwischen 20 und 26 Jahren, und gut ausgebildet. Sie kommen mit der Hoffnung auf Arbeit bei einem internationalen Unternehmen und enden als ausgebeutete Fließbandarbeiter ohne Zukunftsperspektiven.

Südwind hat eine Online-Petition gestartet, in der von allen Herstellern, die ihre Handys am österreichischen Markt vertreiben, ein fair produziertes Telefon gefordert werden kann (► Weblinks am Kapitelende).

Fairphone

Das erste fair produzierte Handy kommt aus den Niederlanden

Die niederländische Initiative Fairphone hat erstmalig ein Smartphone entwickelt, das unter besseren Arbeitsbedingungen und unter Verwendung von nachhaltigeren Rohstoffen hergestellt wird als herkömmliche Handys. So schloss sich das Unternehmen mit zwei Initiativen zusammen, die garantieren, dass die Metalle Zinn und Coltan ohne Konflikte im Kongo gefördert werden. Das heißt, dass von der Förderung keine Milizen profitieren, die den Konflikt in dem ehemaligen Bürgerkriegsland anheizen könnten (► Kasten Seite 105).

Zudem werden Zulieferer ausgewählt, die sich an bestimmte, von Fairphone definierte Standards halten. Die in der Produktion tätigen Arbeiter werden fair bezahlt. Bei den Geräten können die einzelnen Teile im Gegensatz zu anderen Smartphones ausgetauscht werden. Ziel ist, das Telefon eines Tages komplett aus Recyclingmaterial zu bauen.

Das Mobiltelefon soll mit Android laufen, erhältlich wird es ab Dezember 2013 sein. Kostenpunkt: 325 Euro.

Computerproduktion

Die Arbeitsbedingungen bei der Computerherstellung sind ähnlich katastrophal wie jene bei Mobiltelefonen.

Die Elektronikproduktion bestimmt in Thailand den Alltag von Millionen Menschen. Vor allem junge Frauen sind in der Elektronikindustrie beschäftigt. Sie erhalten den Mindestlohn – ca. 200 Baht, also 4 Euro am Tag. Weil man damit nicht überleben kann, sind sie gezwungen, täglich mindestens zwei Überstunden und Schichtarbeit zu leisten. Pro Nacht werden ca. 50 Cent Zuschlag gezahlt. „Diese Frauen arbeiten täglich bis zu 16 Stunden am Fließband und gefährden dabei ihre Gesundheit für einen Hungerlohn", berichtet Christina Schröder von Südwind. Thailand ist der größte Festplatten-Exporteur der Welt. Die Südwind Clean-

50 Cent Zuschlag für eine Nachtschicht

Coltan

Columbit-Tantalit, besser bekannt als Coltan, ist ein Erz, dessen Hauptlagerstätte in Zentralafrika liegt und aus dem vorrangig das Metall Tantal (Ta) gewonnen wird. Dieses Erz ermöglicht es, immer kleinere, leistungsfähigere und zuverlässigere Mobiltelefone, Laptops und Spielkonsolen zu bauen. Bis zu 80 Prozent der weltweiten Coltan-Vorkommen, so wird geschätzt, liegen in der Demokratischen Republik Kongo. Das Land könnte das reichste Afrikas sein, denn neben Coltan gibt es dort auch bedeutende Vorkommen an Diamanten, Erdöl, Uran, Kobalt, Kupfer und Edelhölzern. Doch die Bevölkerung wird ausgebeutet, die Profite bleiben einer kleinen Elite vorbehalten. Seit 1996 herrschen im Kongo Bürgerkrieg bzw. bewaffnete Konflikte. Milizen haben die Kontrolle an sich gerissen, nehmen den Arbeitern das Coltan weit unter Wert ab oder setzen Zwangsarbeiter (etwa Kriegsgefangene) ein. Das bedeutet: Jeder Cent, den die Kriegsparteien durch den Verkauf von Rohstoffen verdienen, fließt in Waffenkäufe, verlängert und verschärft den Krieg. Eine französische Reportage zeigte die unmenschlichen Arbeitsbedingungen der Minenarbeiter, darunter Kinder und Jugendliche, auf und stellte fest, dass sich viele Handyproduzenten nicht um die Herkunft des Metalls scheren. Laut dem Verein „Aktiv gegen Kinderarbeit" sind in den vergangenen zehn Jahren mehr als zwei Millionen Kinder in den Coltanminen umgekommen.

Simone Schlindwein

IT-Kampagne setzt sich gegen ausbeuterische Arbeitsbedingungen in der globalisierten Elektronikindustrie ein.

Der EICC (Electronic Industry Code of Conduct) ist eine freiwillige Selbstverpflichtung von Elektronikherstellern. Mit diesem gemeinsamen Verhaltenskodex wollen sie die Bedingungen in der internationalen Elektronikindustrie verbessern. Dazu definiert der EICC Regeln für Arbeitsbedingungen, Gesundheits- und Sicherheitsschutz, Umweltauswirkungen und das Unternehmensverhalten im internationalen Handel. Der EICC stellt Regeln auf; er erfüllt jedoch nicht die Anforderungen der von der Internationalen Arbeitsorganisation (ILO) definierten Kernnormen. Maßgeblich sind immer noch die Gesetze und Vorschriften des jeweiligen Landes.

Stromverbrauch von Elektrogeräten

Die Zahl der elektronischen Geräte, die am Stromnetz hängen oder laufend aufgeladen werden müssen (Laptops, Mobiltelefone, Router und viele andere), nimmt ständig zu. Durch den Stand-by-Betrieb entstehen enorme Energiekosten. Der Betrieb sämtlicher österreichischer Elektrogeräte im Stand-by-Modus verbraucht jährlich 811 Gigawattstunden Strom – das entspricht der Jahresenergiemenge eines Donaukraftwerks.

Mithilfe einer schaltbaren Steckerleiste oder von intelligenten Steckerleisten (Nebengeräte werden mit dem Hauptgerät automatisch mit abgeschaltet) können Sie per Knopfdruck mehrere Geräte gleichzeitig vom Stromnetz trennen und so hohe Stand-by-Verluste verhindern. Geräte, die über lange Zeiträume in Betrieb sind, aber nicht dauernd verwendet werden (z.B. PC oder Laptop), können meist problemlos in einen Energiesparmodus geschaltet werden.

Ratgeber „Grüne Elektronik"

Greenpeace veröffentlicht regelmäßig den Ratgeber „Grüne Elektronik", der Hersteller von Unterhaltungselektronik nach Nachhaltigkeitskriterien reiht. Der indische Elektronikhersteller Wipro schnitt dabei zuletzt im Vergleich mit den anderen 15 geprüften Herstellern am besten ab, gefolgt von HP, Nokia, Acer und Dell.

Auf dem letzten Platz: der kanadische BlackBerry-Hersteller Research in Motion (RIM).

Was Sie tun können

- Überprüfen Sie Ihren Bedarf – brauchen Sie wirklich das allerneueste Smartphone? 70 Prozent der Österreicher haben Handys zu Hause liegen, die nicht mehr in Verwendung sind! Auch für alle anderen Elektrogeräte gilt: Vieles kann repariert werden, bevor man es wegwirft.
- Kaufen Sie energiesparende Geräte, diese verbrauchen bis zu 70 Prozent weniger Strom als konventionelle Geräte und sind in der Anschaffung meist nicht teurer. Erkundigen Sie sich nach den Energieeffizienzwerten des Geräts, im normalen Gebrauch und im Stand-by-Betrieb. Bei Fernsehgeräten auf das Europäische Umweltzeichen achten.

- Achten Sie auf Hersteller, die in der Produktion keine giftigen Chemikalien verwenden: Labels wie das EU-Ecolabel und das deutsche Umweltzeichen Blauer Engel beschränken den Einsatz umweltschädlicher und gesundheitsschädlicher Stoffe.
- Überprüfen Sie auch den Bedarf an Computern und Zusatzgeräten – vermeiden Sie überdimensionierte Geräte! Notebooks sind leiser als PCs, arbeiten energieeffizienter und sind flexibel einsetzbar. Überlegen Sie die Anschaffung von Multifunktionsgeräten, so haben Sie Drucker, Scanner, Kopierer und Fax in einem.

Links

Kleidung, Schuhe

Greenpeace-Ratgeber Kleidung
http://marktcheck.greenpeace.at/einkaufsratgeber-mode.html

Clean Clothes Firmencheck
www.cleanclothes.at/de/firmen-check

Clean Clothes sandgestrahlte Jeans
www.cleanclothes.at > Jeans

Greenpeace Detox-Kampagne
www.greenpeace.org/austria/de/themen/umweltgifte/was-wir-tun/detox

Gütesiegel Textilien
http://marktcheck.greenpeace.at/guetesiegel-textilien.html

Fair Fashion Finder
www.getchanged.net

Shopping Guide
www.wearfair.at > Guides > Shopping-Guide

Good Shoe Guide
www.getchanged.net > magazin > good guides

Fair Wear Foundation
www.fairwear.org

Firmenhomepages
www.adlermode.com/fairtrade
www.anukoo.com
www.boombuz.at

www.c-and-a.com > we care
www.gea.at
www.goettindesgluecks.at
www.grueneerde.com
http://about.hm.com > sustainability
www.muso-koroni.com
www.schiesser.com
http://thinkshoes.com
www.waschbaer.at

Kosmetika

Gütesiegel ANC
www.austrianaturalcosmetics.at

Firmenhomepages
www.thebodyshop.at
www.lush.at
www.dm.de/de_homepage/alverde_home

Computer und Handy

Ratgeber Grüne Elektronik
www.greenpeace.org/austria/de/themen/klima/was-wir-tun/
    gruene-Elektronik

EU Ecolabel
www.eu-ecolabel.de

Österreichisches Umweltzeichen
www.umweltzeichen.at > Produkte > Haushalt und Reinigung

Südwind-Petition für faire Handys
www.suedwind-agentur.at > Petition Handys

Fairphone
www.fairphone.com

Südwind Clean-IT-Kampagne
www.clean-it.at

Aktiv gegen Kinderarbeit
www.aktiv-gegen-kinderarbeit.de

EICC
www.eicc.info

Ethik-Tests und -Reports aus KONSUMENT

Zusammenfassung aller Beiträge auf
www.konsument.at > Ethik

Kinder

Ob Spielzeug, Schulsachen oder Kindermöbel: Gerade im Kinderzimmer finden sich oft Produkte, die unter menschen- unwürdigen Umständen erzeugt wurden oder ökologisch höchst bedenklich sind. Das muss nicht so sein.

Für verspielte Kids

Barbie, Lego, Playmobil – Kunststoffspielzeug ist schön bunt und erfreut Kinder auf der ganzen Welt. Die Herstellung findet jedoch zum Teil unter menschenverachtenden Bedingungen statt (▶ Ethik-Test Seite 113). Und Produkte aus Plastik sollten immer besonders kritisch betrachtet werden: Polyvinylchlorid (PVC) verursacht von der Produktion bis zur Entsorgung eine Vielzahl an Umwelt- und Gesundheitsbelastungen. Auf Importprodukten wird es oft als Vinyl bezeichnet. PVC ist eigentlich ein sehr harter Kunststoff, der für Spielsachen meist erst mit Weichmachern bearbeitet werden muss. Viele dieser Weichmacher (Phthalate) haben langfristig gesundheitsschädigende Wirkung, sie können sich durch den Speichel aus dem Kunststoff lösen. Die EU-Richtlinie 2005/84 EG verbietet drei gesundheitsgefährdende Phthalate, nämlich DEHP, DBP und BBP in Spielzeug generell, und drei weitere in Spielsachen, die Kinder unter 36 Monate in den Mund nehmen können. Dennoch enthalten Spielzeugartikel aus Kunststoff nach wie vor Phthalate, wie Untersuchungen zeigen: In einem Test der Stiftung Warentest (Deutschland) im Jahr 2010 wurden in 42 von 50 gängigen Spielzeugprodukten Schadstoffe gefunden.

Was die Umweltberatung empfiehlt

Vorsicht bei synthetischen Duftstoffen!

Die firmenunabhängige Umweltberatung gibt Konsumenten konkrete Handlungsanleitungen. Sie warnt: Viele synthetische Duftstoffe können Allergien auslösen. Der Duft animiert die Kleinen außerdem dazu, Spielsachen in den Mund zu nehmen, die vielleicht nicht dazu gedacht sind.

- Spielzeug mit starkem, „typischem" Plastikgeruch sollte gemieden werden. Neue Plüschtiere bei niedriger Temperatur waschen, um mögliche Schadstoffe zu entfernen.
- Batteriebetriebene Spielwaren vermeiden. Batterien sind Problemstoffe und in Spielwaren nicht immer kindersicher eingebaut.

Mindeststandards für Kinderspielzeug, das innerhalb der EU verkauft wird, sind in der EN 71, der Europanorm für die Sicherheit von Spielzeug, geregelt. Es dürfen z.B. keine scharfen Kanten vorhanden sein. Auch

Speichelechtheit, die Sicherheit von Füllmaterialien, Schadstoffgehalt und Lautstärke sind in der Norm geregelt.

Als unbedenklich gilt Spielzeug aus Polyethylen und Polypropylen, zu erkennen an den Kürzeln PE und PP. Ob ein Spielzeug giftfrei, farb- und speichelecht oder fair produziert ist, können Sie allerdings nicht immer der Kennzeichnung entnehmen.

Spielzeughersteller im Ethik-Test

Der weltweite Spielzeugmarkt wird auf 80 Milliarden US-Dollar geschätzt; 86 Prozent des in der EU verkauften Spielzeugs werden in China gefertigt, zum Großteil in der Provinz Guangdong. Der Verein für Konsumenteninformation (VKI) hat gemeinsam mit anderen europäischen Verbraucherorganisationen eine Untersuchung der Produktionsbedingungen der wichtigsten Markenhersteller in Auftrag gegeben – von Mattel über Walt Disney, Lego, Playmobil bis Hasbro und MGA (veröffentlicht in KONSUMENT 12/2012).

Nach wie vor soziale Missstände in der Spielzeugindustrie

Einiges hat sich in China seit dem vorigen Ethik-Test über die Spielwarenbranche im Jahr 2004 zum Besseren gewendet: Fabriken wurden modernisiert, in den Produktionshallen herrscht Hightech-Equipment vor. Eine neue Generation von Wanderarbeitern ist heute aktiv, die – auch dank Internet – viel besser informiert ist als die Arbeiter früher. Die Arbeitskräfte lassen sich nicht mehr alles gefallen. Medienberichte über spontane Protestaktionen und Streiks häufen sich. Meist geben die Arbeitgeber schnell nach, um zu verhindern, dass die Rebellion auf andere Abteilungen oder Betriebe übergreift.

Nicht zuletzt hat sich der internationale Spielzeugindustrieverband ICTI (International Council of Toy Industries) einen Verhaltenskodex auferlegt, der faire Arbeitsbedingungen sowie Sicherheit und Gesundheit der Arbeitnehmer zum Inhalt hat.

Hoher Arbeitsdruck, niedrige Löhne

Doch hinter der Fassade verbergen sich nach wie vor grobe Missstände wie übermäßig lange Arbeitszeiten und zu niedrige Entlohnung. So gibt es

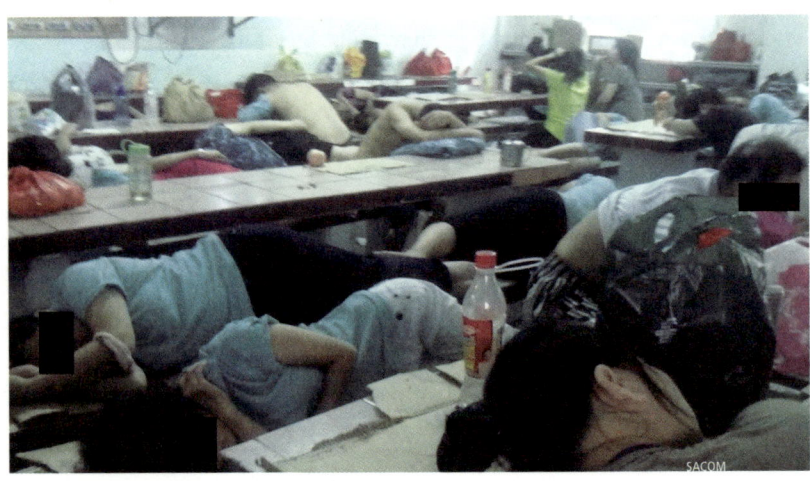

In der Saison
werden den
Arbeiterinnen
kaum Pausen
gegönnt

Berichte, dass die – überwiegend weiblichen – Arbeitskräfte in der Saison 12-Stunden-Schichten ableisten müssen, sieben Tage in der Woche. Das erlaubte Überstundenlimit wird damit bei Weitem überschritten, gleichzeitig liegt die Überstundenzahlung mit 75 Euro-Cent pro Stunde unter dem gesetzlichen Limit. Kost und Quartier werden automatisch vom Lohn abgezogen, auch wenn die Arbeiter dies gar nicht in Anspruch nehmen. Die Schlafsäle sind schmutzig und überfüllt, Ratten und Wanzen keine Seltenheit.

Trotz des gewachsenen Selbstbewusstseins der Arbeiter ist vielen von ihnen nicht bekannt, welche Rechte ihnen zustehen. Häufig wird ihnen nicht einmal eine Kopie ihres Dienstvertrages ausgehändigt, sie bekommen keine Entschädigung im Krankheitsfall, der ausstehende Lohn wird ihnen vorenthalten, wenn sie den Betrieb verlassen.

Wie verträgt sich das mit der Fairness-Verpflichtung von ICTI? Sieben der neun untersuchten Markenkonzerne (Ausnahmen: Disney und MGA) lassen sich von ICTI überprüfen und verlangen auch von ihren Lieferanten ein ICTI-Zertifikat. Doch die Auflagen sind nicht gerade streng – so kann man ein Zertifikat schon erlangen, wenn die Arbeitszeit „nur" 200 Prozent über der gesetzlich erlaubten liegt. Viele Unternehmen meinen, mit der Teilnahme an den ICTI-Programmen ihre Pflicht erfüllt zu haben, und bemühen sich nicht weiter, die gesetzlichen Bestimmungen einzuhalten.

Bezeichnend ist, dass nur zwei von neun untersuchten Unternehmen überhaupt Informationen zur Verfügung stellten. In den untersuchten Produktionsstätten waren die Arbeitsbedingungen einigermaßen in Ordnung. Vor allem die Lebensumstände abseits des Arbeitsplatzes wurden generell positiv hervorgehoben. Alle drei besuchten Fabriken bezahlten auch mehr als den gesetzlichen Mindestlohn. Andererseits gehören 12-Stunden-Arbeitstage während der Saison überall zur Regel.

Die Umweltkriterien wurden vielfach nur unzureichend erfüllt. So kümmerte sich keine Fabrik darum, ihre Produkte recycelbar zu machen.

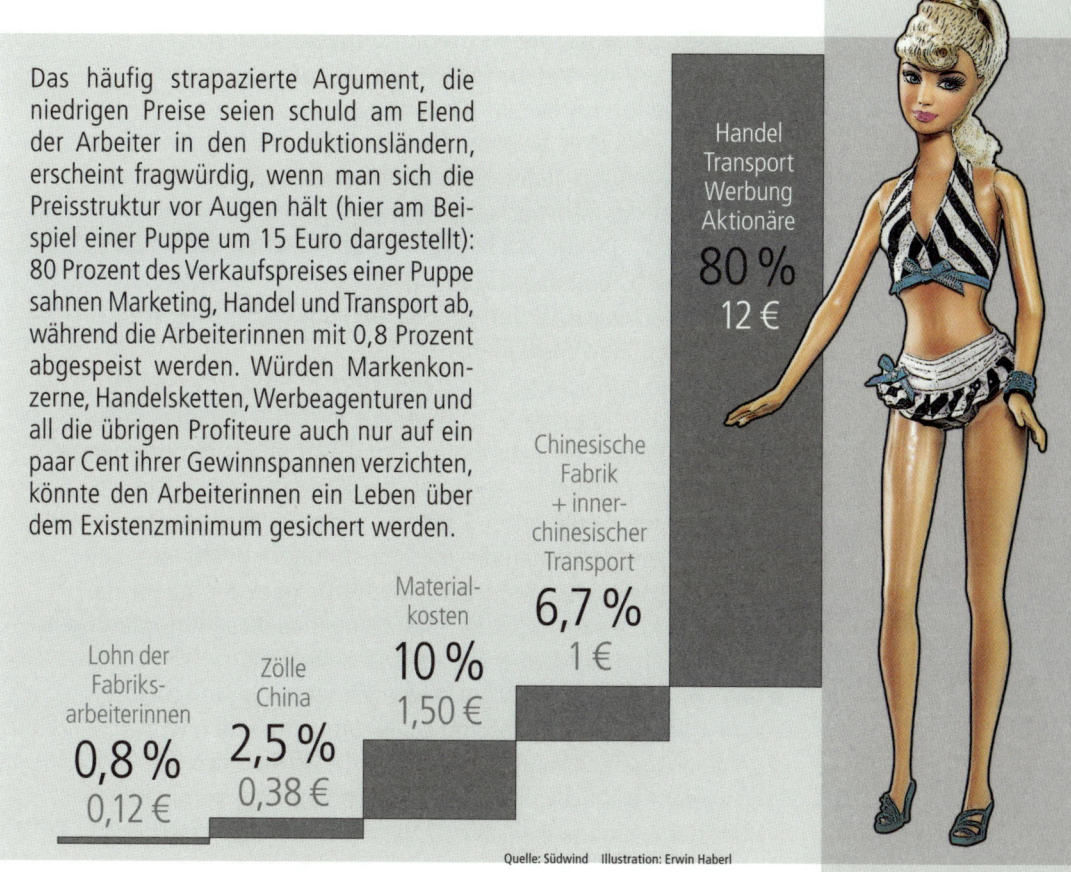

Das häufig strapazierte Argument, die niedrigen Preise seien schuld am Elend der Arbeiter in den Produktionsländern, erscheint fragwürdig, wenn man sich die Preisstruktur vor Augen hält (hier am Beispiel einer Puppe um 15 Euro dargestellt): 80 Prozent des Verkaufspreises einer Puppe sahnen Marketing, Handel und Transport ab, während die Arbeiterinnen mit 0,8 Prozent abgespeist werden. Würden Markenkonzerne, Handelsketten, Werbeagenturen und all die übrigen Profiteure auch nur auf ein paar Cent ihrer Gewinnspannen verzichten, könnte den Arbeiterinnen ein Leben über dem Existenzminimum gesichert werden.

Handel
Transport
Werbung
Aktionäre

80 %

12 €

Chinesische
Fabrik
+ inner-
chinesischer
Transport

6,7 %

1 €

Material-
kosten

10 %

1,50 €

Lohn der
Fabriks-
arbeiterinnen

0,8 %

0,12 €

Zölle
China

2,5 %

0,38 €

Quelle: Südwind   Illustration: Erwin Haberl

Was die Unternehmenspolitik betrifft, so scheinen die US-Konzerne Hasbro und Mattel am besten gerüstet, ihre gesellschaftliche Verantwortung wahrzunehmen. An dritter Stelle folgt Walt Disney. Dies gilt vor allem für die Sozialmaßnahmen. Bezüglich umweltbewusster Politik kann eigentlich nur Hasbro als auf der Höhe der Zeit bezeichnet werden.

Was Sie tun können

- Schreiben Sie an Ihren bevorzugten Markenhersteller oder Händler: Adressen bzw. Kontaktformulare finden Sie auf deren Homepages, die meisten Unternehmen sind auch auf Facebook vertreten. Fordern Sie sie auf, sich mehr für die Rechte ihrer Arbeitskräfte einzusetzen.
- Spielzeug aus Holz belastet die Umwelt in der Regel weniger.
- Bei Spielzeug aus Österreich oder benachbarten Ländern sind zumindest die Transportwege kürzer.
- Holzspielzeug sollte am besten mit biologischen Ölen oder Bienenwachs behandelt sein.
- Kaufen Sie fair produziertes Spielzeug aus der Dritten Welt, erhältlich in den Weltläden.

- Achten Sie auf sicheres Spielzeug: Unabhängige Prüfsiegel wie das „GS"-Zeichen („geprüfte Sicherheit") belegen, dass die grundlegenden Sicherheits- und Gesundheitsanforderungen erfüllt sind. Achten Sie auch auf den Warnhinweis „Nicht geeignet für Kinder unter 3 Jahren" (bzw. 36 Monaten). Spielsachen für Kleinkinder müssen strengere Bestimmungen erfüllen: speichelechte Farben, bruchfest, keine Kleinteile, die verschluckt werden könnten. Spielzeug, das diese Anforderungen nicht erfüllt, trägt den erwähnten Warnhinweis.

- Das „Spiel gut"-Gütesiegel kennzeichnet pädagogisch sinnvolles Spielzeug, das von Fachleuten getestet und gemeinsam mit Kindern erprobt wurde. Hinsichtlich der Umweltverträglichkeit werden die Produkte auf verwendetes Material, Langlebigkeit, Wiederverwendbarkeit, Herstellung,

Gebrauch und Entsorgung überprüft. Betreffend die Sicherheit müssen diese Produkte den EU-Normen entsprechen.

- Ein einheitliches Sozialgütesiegel gibt es leider noch nicht. Die Aktion „fair spielt" setzt sich für die Einhaltung der Menschenrechte und grundlegender Arbeitsnormen ein. Auf ihrer Homepage veröffentlicht die Aktion eine Firmenübersicht, aus der hervorgeht, wie deutsche Spielzeughersteller den ICTI-Kodex umsetzen.
- Gutes Kinderspielzeug muss nicht immer neu sein. Es kann auch über Spielwarenbörsen, Tauschzentralen und auf Flohmärkten erworben werden.

Qualitativ gutes Holzspielzeug ist zwar nicht billig, dafür aber nahezu unverwüstlich. Es kann über Generationen weitergegeben werden. Holz ist ein nachwachsender Rohstoff und hat angenehme Oberflächeneigenschaften. Unbehandeltes Holz ist aus hygienischen Gründen für Babys nicht geeignet, da es einen optimalen Nährboden für Bakterien bietet. Gewachstes Holzspielzeug lässt sich abwaschen.

Matador: Made in Austria

Seit 1903 stellt das österreichische Unternehmen Matador die legendären Baukästen aus Holzklötzen und Stäben her. Die Bauklötze sind anregend, fördern die Kreativität und das analytisch-räumliche Denken. Matador ist praktisch unzerstörbar – es gibt keine filigranen Kleinteile, die abbrechen können, wie oft bei Plastikspielzeug. Matador setzt auf heimische Produktion in Waidhofen an der Thaya:

- Holz aus nachhaltig bewirtschafteten heimischen Wäldern
- keine Verwendung von gesundheitsschädlichen Farben und Lacken
- keine Verwendung von Plastik oder anderen umweltschädlichen Stoffen
- Kontinuität in der Produktpalette
- Ersatzteil- und Nachkaufgarantie
- gleichbleibende Qualität durch 100 Prozent Eigenfertigung

www.matador.at

Ökologisches Kinderzimmer

Kleine Kinder krabbeln gerne auf dem Boden herum und versuchen, ihre Umwelt im wahrsten Sinn des Wortes zu begreifen. Daher haben sie direkteren Kontakt mit Gegenständen als Erwachsene – durch Berühren und In-den-Mund-Nehmen. Im Kinderzimmer sollte daher besonderes Augenmerk darauf gelegt werden, dass Boden, Möbelstücke und Textilien keine gefährlichen Substanzen enthalten. Die Umweltberatung empfiehlt:

- Als Wandfarben kommen Naturharzdispersion, Kalkanstriche, Leim-, Silikat- und Kaseinfarben infrage; bei Kunstharzdispersionen und Lacken sollte man auf deren chemische Bestandteile achten; am besten wählt man Produkte, die das Umweltzeichen tragen.
- Geeignete Bodenbeläge sind Linoleum, Kork, Vollholz (kein Laminat), Schafwolle sowie Sisal.
- Vermeiden Sie Möbel aus Spanplatten oder Kunststoffen wie PVC. Oft sind nur die Vorderfronten aus Vollholz; man muss daher kontrollieren, ob nicht doch auch Spanplatten verarbeitet wurden.
- Alle Möbel sollten stabil stehen, abgerundete Kanten und pflegeleichte Oberflächen haben.
- Variable Systeme, die mit dem Kind „mitwachsen", sind zwar in der Anschaffung teurer, kommen aber letztlich doch billiger – nicht zuletzt sind sie umweltfreundlicher, weil sie nicht nach kurzer Zeit wieder auf dem Müll landen.

Weitere Tipps für ökologische (Holz-)Möbel finden Sie im Kapitel „Home, sweet home" (▶ Seite 39).

Kindermöbel sollten schadstofffrei sein

Gut gewickelt

Österreichs Babys verbrauchen pro Tag eine Million Wegwerfwindeln, ein Baby benötigt pro Tag fünf bis sieben Windeln. Über einen Zeitraum von zwei bis drei Jahren gerechnet bedeutet das: 1.000 Kilo, also eine Tonne Müll pro Baby. In Wien fallen jährlich etwa 70 Millionen Babywindeln oder 17.000 Tonnen Windelmüll an, das sind fast 7 Prozent des gesamten Haushaltsmülls.

Einmalwindeln scheinen praktisch zu sein, weil sie nicht gewaschen werden müssen. Auf den ersten Blick sind sie auch preiswert. Wer jedoch genau nachrechnet, merkt schnell, dass die chemisch erzeugten Wegwerfprodukte nicht nur die Umwelt belasten, sondern auch die Geldbörse. Bei der Verwendung von Wegwerfwindeln fallen über die Jahre bis zu 1.500 Euro an. Bei waschbaren Mehrwegwindeln kostet zwar die Grundausstattung etwas mehr (ca. 250 Euro), für Energie, Wasser und Waschmittel fallen jedoch nur ca. 300 bis 400 Euro an, was Gesamtkosten in der Höhe von maximal 650 Euro ausmacht. Dazu kommen Förderungen, die in den Bundesländern zwischen 50 und 100 Euro betragen. Da die Wickelsysteme weiterbenutzt werden können, erspart man sich ab dem zweiten Kind auch die Anschaffungskosten. Wickelsysteme aus Baumwolle gibt es von verschiedenen Herstellern. Sie bestehen aus mitwachsenden (Bio-) Baumwollhöschen mit waschbaren Einlagen zur Erhöhung der Saugfähigkeit, einem Wegwerfvlies für das „Grobe" und einem wasserundurchlässigen Überhöschen. Es genügt vollkommen, sie mit 60 Grad zu waschen.

Die Herstellung von Mehrwegwindeln ist weitaus ressourcenschonender und energiesparender als jene von Wegwerfwindeln. Eine von der Technischen Universität Graz durchgeführte Vergleichsstudie bestätigt, dass die Verwendung von Mehrwegwindeln durchschnittlich nur halb so viel an Umweltbelastung hervorruft wie jene von Wegwerfwindeln.

Mehrwegwindeln sparen Geld und schonen die Umwelt

Die waschbaren Windeln haben übrigens auch Vorteile für das Baby: Es wird breit gewickelt, was die gesunde Hüftentwicklung fördert. Die Haut kann zudem in Stoffwindeln besser atmen. Durch die gute Luftdurchlässigkeit der Windel wird Pilzerkrankungen der Haut vorgebeugt.

Umweltschutz macht Schule

Etwa 40.000 verschiedene Schulartikel stehen in über 1.100 Papierfachgeschäften und den Filialen der großen Ketten zur Auswahl. Geschätzte 240 Millionen Euro jährlich werden dafür in Österreich ausgegeben.

Schulhefte und Notizblöcke aus 100 Prozent Altpapier brauchen heutzutage punkto Weißegrad und Schreibkomfort keinen Vergleich zu scheuen. Ordner, Mappen und Hefter bringen Ordnung in das tägliche Zettelchaos. Verzichten Sie hier auf Kunststoff, wählen Sie stattdessen Produkte aus Karton. Im Vergleich zu Erdöl sorgt der Rohstoff Altpapier für die bessere Umweltbilanz. Achten Sie auf den Hinweis „aus 100 % Altpapier" oder „Recycling-Karton" sowie ein offizielles Umweltzeichen wie den Blauen Engel (Deutschland) oder das Österreichische Umweltzeichen.

Bleistifte und Buntstifte: das Innenleben des Stifts, die Mine, wird heute nicht nur mit Holz, sondern auch mit Kunststoff oder einer Mischung aus Holz und Kunststoff ummantelt. Eine besonders umweltfreundliche Variante sind Stifte mit einer Mechanik zum Nachfüllen der Mine. Mindestens so wichtig wie Bleistifte sind im Schulalltag die Buntstifte. Da die Kids gerne darauf herumkauen, müssen sie unbedingt frei von Schwermetallen sein.

Spitzer aus Leichtmetall sind umweltfreundlicher als solche aus Kunststoff (mehr Informationen dazu ▶ KONSUMENT 8/2012, zu finden auf www.konsument.at.)

Gütesiegel für Schulsachen. Unter den ausländischen Gütesiegeln sind der Blaue Engel aus Deutschland, der Nordische Schwan aus Schweden, Finnland, Norwegen, Island sowie Dänemark und das Europäische Umweltzeichen der EU am bekanntesten.

Umweltzeichen für Schulartikel

Vom Bleistift bis zu Malfarben, vom Lineal bis zu Klebstoffen – mehr als 40 verschiedene Artikel des täglichen Gebrauchs in Büro und Schule können mit dem Umweltzeichen ausgezeichnet werden. Kriterien sind umweltfreundliche und dauerhafte Materialien sowie Qualität und reparaturfreundliche bzw. umweltgerechte Produktgestaltung. Strengen Qualitätskriterien unterliegen Materialien, auf die Kraft ausgeübt wird (Metalle, hochwertige Kunststoffe): Sie müssen Mindestgarantiezeiten erfüllen und dürfen, wie alle übrigen Stoffe, keine gesundheitsgefährdenden chemischen Substanzen enthalten. Holz muss aus zertifizierter nachhaltiger Forstwirtschaft stammen. Kunststoffe müssen einen Mindestanteil an nachwachsenden Rohstoffen oder

Kunststoff-Recyclat aufweisen. Ein ebenso wichtiges Kriterium ist die Produktgestaltung: Die Büro- und Schulartikel müssen zerlegbar, verwertbar, nachfüllbar und reparaturfähig sein. Außerdem muss es Ersatzteile für Verschleißteile geben. Darüber hinaus wird durch das Umweltzeichen unnötige Verpackung vermieden: Die Produkte kommen entweder ohne Verpackung aus oder es wird Recyclingkarton verwendet; und die Verpackungsgröße steht in einem sinnvollen Verhältnis zum Inhalt. Übrigens gibt es auch ein Österreichisches Umweltzeichen für Schulen: Etwa 100 Schulen in ganz Österreich haben diese Auszeichnung für ihre Aktivitäten zu Umwelt, Gesundheitsförderung und qualitativer Verbesserung des Unterrichts bekommen.

Für die Pause. Jausenboxen aus Edelstahl sind umweltverträglicher und gesundheitlich unbedenklicher als solche aus Kunststoff. Eine Mehrweg-Trinkflasche aus Glas oder Edelstahl ist wiederbefüllbar und spülmaschinenfest.

Mode für Kinder

Für Kindermode gelten dieselben Vorgaben wie für Erwachsenen-Kleidung (► Kapitel „Lifestyle"). Einige Marken haben sich auf nachhaltig produzierte Kindermode spezialisiert:

- jooloomooloo
- Pagabei
- Kamaeleon
- Lillan
- Fee im Glück
- greenfeel

Das Modelabel mit dem unaussprechlichen Namen

Das österreichische Kindermodelabel jooloomooloo [Tschulumulu] steht für fair und ökologisch produzierte Kinderwäsche und ist auch der Titel einer Kindergeschichte. In jooloomooloo vereint die Erfinderin Xiane Kangela Kreativität mit sozialem Anspruch: Das dazugehörige preisgekrönte Kinderbuch soll Lust auf ökologische Mode machen. Das Papier für die Verpackung, das Bilderbuch und die anderen Drucksorten von jooloomooloo werden von der sri-lankischen Firma Maximus aus Elefantendung hergestellt. Maximus sichert auf diese Weise das Dasein der vom Aussterben bedrohten Elefanten als traditionelle Nutztiere. Die Stoffe für jooloomooloo werden in der Weberei Ocean Lanka hergestellt, einem modernen Betrieb, der mit FLO-CERT, dem Fairtrade-Siegel, zertifiziert ist. Hier herrschen strenge, von der EU anerkannte arbeitsrechtliche Standards. Ocean Lanka ist einer der in diesem Bereich führenden Betriebe. Er verarbeitet die mit ECOCERT zertifizierte Bio-Baumwolle aus Indien zu hochwertigem Stoff. Darüber hinaus unterstützt jooloomooloo in Zusammenarbeit mit der one world foundation ein Bildungsprojekt in Sri Lanka. In free education units wird 1.000 Kindern und Jugendlichen ein kostenloser Schulbesuch ermöglicht. Der öffentliche Unterricht im ländlichen Bereich wird so ergänzt und unterstützt.

Fußbälle – von Kindern hergestellt

Im Nordosten Pakistans, in der Stadt Sialkot, werden 20 Millionen Bälle pro Jahr produziert – das sind 75 Prozent aller Fußbälle der Welt. Das Exportgeschäft kurbelt zwar bis zu einem gewissen Grad die Wirtschaft des Landes an, doch es hat einen Schönheitsfehler: Obwohl Kinderarbeit in Pakistan offiziell verboten ist, werden oft Kinder zur Verrichtung der Arbeit eingesetzt. Elfjährige nähen hier bis zu 4 Bälle pro Tag; um alle 32 Teile zusammenzunähen, sind 750 Nadelstiche nötig. Pro Ball verdienen sie zwischen 5 und 30 Cent.

Kinder verdienen zwischen 5 und 30 Cent pro Ball

Die Hauptproduzenten Pakistan, Indien und China stehen in hartem Wettkampf um die Aufträge der europäischen und US-amerikanischen Firmen. Dieses Match wird auf dem Rücken der Arbeiter ausgetragen: Sie werden durch prekarisierte Anstellungsverhältnisse und informelle Heimarbeit auf Abruf gehalten, um die Produktionskosten zu drücken. Während jedoch Markenunternehmen eher im Blickpunkt der Öffentlichkeit stehen und darauf achten müssen, nicht mit schlechten Arbeitsbedingungen und Kinderarbeit in Verbindung gebracht zu werden, kümmern sich sogenannte No-Name-Unternehmen weniger um ihre soziale Verantwortung. Zwar gibt es seit einiger Zeit eine Wirtschaftspolizei mit dem Namen Imac (Independent Monitoring Association for Child Labor), die regelmäßig Nähereien besucht und sich die Ausweise der Mitarbeiter zeigen lässt. Aber nicht alle Firmen beteiligen sich an dem System, und viele Kinder nähen zu Hause, um ihre Eltern zu unterstützen, die mit den landesüblichen Löhnen nicht überleben könnten. Denn in den Fabriken, in denen die Waben für die Bälle gestanzt und lackiert werden, sind die Arbeitsbedingungen katastrophal: Die Arbeiter haben keinen Kündigungsschutz, verdienen weniger als den gesetzlich vorgeschriebenen Mindestlohn und müssen dafür ihre Gesundheit aufs Spiel setzen. Schutzvorrichtungen bei den schweren Stanzmaschinen oder Belüftungssysteme in Lackierräumen fehlen oft.

Die Alternative sind fair gehandelte Fußbälle, erhältlich etwa in den Weltläden, bei EZA Fairer Handel oder über Jugend eine Welt. Weitere Verkaufsstellen finden Sie in der Fairtrade-Produktdatenbank (▶ Links).

Links

Gütesiegel für Spielzeug
http://marktcheck.greenpeace.at/kennzeichnung-spielzeug.html
www.spielgut.de
www.fair-spielt.de

Umweltberatung
www.umweltberatung.at

Weltläden
www.weltlaeden.at

Förderung von Mehrwegwindeln
www.windelgutschein.at

Umweltfreundliche Schulsachen
www.schuleinkauf.at

Österreichisches Umweltzeichen
für Schulen: www.umweltzeichen.at/bildung
für Büroartikel und Recyclingpapier: www.umweltzeichen.at > Produkte
   > Büro, Papier & Druck

Jooloomooloo
www.jooloomooloo.com

Pagabei
www.pagabei.at

Kamaeleon
www.kamaeleon.at

Lillan
lillan.at

Fee im Glück
http://fee-im-glueck.at

greenfeel
http://greenfeel.at

Aktiv gegen Kinderarbeit
www.aktiv-gegen-kinderarbeit.de

Jugend eine Welt
www.jugendeinewelt.at

EZA Fairer Handel – Produktdatenbank
www.eza.cc/shop

Fairtrade-Produktdatenbank
www.fairtrade.at/produkte/produktsuche

Ethik-Tests und -Reports aus KONSUMENT

Zusammenfassung aller Beiträge auf
www.konsument.at > Ethik

Reduce, repair, recycle

Das Verlangen nach immer neuen Konsumgütern bringt unsere Erde aus dem Gleichgewicht. Die weltweiten Ressourcen – Rohstoffe, Wasser und Land – sind nicht unerschöpflich. Die Müll-Lawine nimmt immer bedrohlichere Ausmaße an.

Rohstoffe verschwendet

Der globale Verbrauch an Rohstoffen ist in den letzten 30 Jahren um 50 Prozent auf rund 60 Milliarden Tonnen jährlich gestiegen; einer der größten Netto-Importeure von natürlichen Rohstoffen pro Kopf ist Europa. Der zunehmende Verbrauch führt nicht nur zu Umweltproblemen, er ist oft auch mit sozialen Problemen wie etwa Verletzungen der Menschenrechte und schlechten Arbeitsbedingungen verbunden.

Viele der einst so erstrebenswerten Produkte landen irgendwann im Müll. Die Österreicher produzieren im Schnitt 591 kg Hausmüll pro Person. Damit liegt unser Land über dem europäischen Durchschnitt, der 502 kg pro Person beträgt. Bei der Recyclingrate des Hausmülls liegt Österreich zwar besser als der EU-Durchschnitt, nimmt aber auch hier keine Spitzenposition ein. „Ein Ausbau der Recyclingsysteme würde nicht nur den produzierten Abfall reduzieren, sondern auch Arbeitsplätze schaffen und Europas Abhängigkeit von importierten Rohstoffen reduzieren", erklärt Lisa Kernegger, Ökologin bei Global 2000.

Beispiel Aluminium: Es kann praktisch zu 100 Prozent wiederverwertet werden, ohne seine charakteristischen Eigenschaften zu verlieren, in Österreich werden jedoch nur 65 Prozent der Dosen recycelt. Gerade zur Herstellung von Aluminiumdosen wird sehr viel Energie benötigt, zudem ist die Produktion von Aluminium mit großen Umweltbelastungen und Risiken verbunden: Der Abbau des Rohstoffs Bauxit findet unter teils fragwürdigen sozialen Bedingungen und Umweltstandards statt. Darüber hinaus gerät Aluminium zunehmend in die Kritik, gesundheitsschädlich zu sein.

Müll vermeiden und trennen

Voraussetzung für ein gelungenes Recycling ist die richtige Entsorgung und Trennung von Abfällen: Glas, Kunststoff, Metalle, Altpapier und Bio-Abfall können großteils recycelt oder verarbeitet werden. Auch Getränkekartons (Tetrapaks) sind recyclierbar. In der Verarbeitung wird der Karton von Kunststoff und Aluminium getrennt und wiederverwertet. Trotzdem

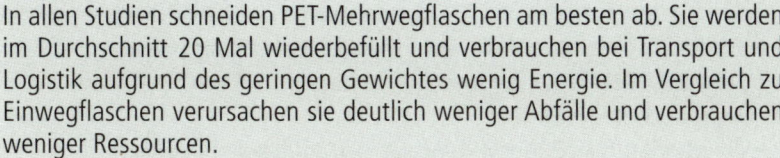

Getränkeverpackungs-Ranking

Auf Basis zahlreicher Studien, Ökobilanzen und eigener Einschätzungen hat „die umweltberatung" ein Ranking der Getränkeverpackungen zusammengestellt.

- 1. PET-Mehrwegflaschen
- 2. Glas-Mehrwegflaschen
- 3. PET-Einwegflaschen
- 4. Tetrapaks
- 5. Glas-Einwegflaschen
- 6. Alu-Dosen

In allen Studien schneiden PET-Mehrwegflaschen am besten ab. Sie werden im Durchschnitt 20 Mal wiederbefüllt und verbrauchen bei Transport und Logistik aufgrund des geringen Gewichtes wenig Energie. Im Vergleich zu Einwegflaschen verursachen sie deutlich weniger Abfälle und verbrauchen weniger Ressourcen.

plädiert Christian Pladerer vom Ökologie-Institut für andere Verpackungsvarianten: „Jedes Mehrwegsystem hat eine bessere Ökobilanz als ein Getränkekarton, sprich: eine Einwegverpackung."

Bei Getränken überwiegen hierzulande jedoch Einwegverpackungen: So hat sich der Mehrweganteil bei Mineralwasser (Glas- oder Plastikmehrwegflaschen) in den Jahren 1993 bis 2007 von 91 Prozent auf 47 Prozent verringert. Die Gesamt-Mehrwegquote bei Getränkeverpackungen ist im gleichen Zeitraum von rund 74 auf rund 47 Prozent gesunken (Quelle: Gesellschaft für Verpackungsmarktforschung mbH). „Die Mehrwegquote bei Mineralwasserflaschen liegt heute nur noch bei 17 Prozent", ergänzt Christian Pladerer.

Laut Greenpeace-Konsumentensprecherin Claudia Sprinz ist das Geschäft mit dem Abfall für die meisten Getränke- und Verpackungshersteller sowie für Recyclingunternehmen sehr lukrativ: „Die wenigsten Konsumenten wissen, dass Sie über die Müllgebühren zur Kassa gebeten werden. Wir finanzieren die Profite der Abfallindustrie." Die Käufer würden daher von einem Mehrwegsystem auch finanziell profitieren.

Bei der Sammlung und Weiterverwertung von Abfällen (besonders bei Kunststoffverpackungen und Metallen) gibt es regionale Unterschiede.

Wir finanzieren die Profite der Abfallindustrie

Wie die Abfalltrennung in den Gemeinden genau gehandhabt wird, erfragt man am besten vor Ort. Genaue Hinweise zur Mülltrennung sowie die Kontaktdaten der einzelnen Abfallverbände finden sich auch auf der Internetseite „Richtig sammeln – Ist doch logisch!" (► Weblinks am Kapitelende).

Was Sie tun können

Fordern Sie Mehrwegflaschen ein!

- Trinken Sie Leitungswasser – österreichisches Trinkwasser zählt zu den besten der Welt, von wenigen lokalen Ausnahmen abgesehen.
- Kaufen Sie Mehrwegflaschen: Über die Greenpeace-Aktion „Ich will Mehrweg" können Sie bei Supermarktketten Mehrwegflaschen einfordern.
- Verwenden Sie für unterwegs wiederbefüllbare Flaschen.
- Verzichten Sie auf Plastiksackerln, indem Sie z.B. immer eine (zusammenlegbare) Einkaufstasche bei sich tragen. Da gibt es sehr robuste, große Taschen, die sich auf die Größe eines Handys zusammenfalten lassen.
- Greifen Sie beim Einkaufen zu unverpackten Produkten oder protestieren Sie bei den Herstellern gegen Plastikverpackungen.
- Meiden Sie Fast-Food-Ketten, die das Essen grundsätzlich in Wegwerfpackungen anbieten.
- Auf dem Informationsportal plastikfrei.at können plastikfreie und plastikarme Produkte gesucht werden. Es soll dabei helfen, umweltfreundliche und klimaschonende Alternativen zu Produkten oder Verpackungsmaterialien aus Plastik zu finden.

Reduzieren, reparieren, recyceln

Wenn bereits genutzte Rohstoffe, Materialien oder Produkte verwertet oder weiterverwendet werden, spricht man von Recycling (die stoffliche Verwertung von bereits genutzten Rohstoffen oder Materialien) bzw. von ReUse (Wiederverwendung von Geräten oder Produkten).

Die EU-Abfallrahmenrichtlinie, die seit Dezember 2008 in Kraft ist, sieht ein fünfstufiges Ranking bei der Behandlung von Abfällen vor:

- Vermeidung (Müll reduzieren)
- Vorbereitung zur Wiederverwendung (z.B. durch Reparaturnetze, Mehrwegsysteme ...)
- Recycling (z.B. durch getrennte Sammlung von Papier, Metall, Kunststoffen und Glas)
- Sonstige Verwertung (z.B. energetische Verwertung – Verbrennung)
- Beseitigung (z.B. Ablagerung in Deponien, Verbrennung ohne energetische Verwertung)

Ein Beispiel für eine gelungene Wiederverwendung alter Materialien ist ReDesign oder Upcycling: Designer oder auch sozialökonomische Betriebe stellen Schmuck und Accessoires, Möbel oder Lampen aus ausgedienten Gebrauchsgegenständen und Abfallprodukten her.

2013 – Feuerwear®

Tasche aus alten Feuerwehrschläuchen

Tipps zur Abfallvermeidung und Ressourcenschonung

- Trennen Sie Ihren Müll und entsorgen Sie Sondermüll richtig.
- Kaufen Sie nur Dinge, die Sie wirklich brauchen.
- Wählen Sie langlebige Produkte.
- Kaufen Sie gebrauchte Ware.
- Wenn Sie etwas nicht mehr brauchen, schenken Sie es weiter oder geben Sie es bei Sammelstellen wohltätiger Organisationen ab (z.B. Carla Flohmarkt der Caritas).
- Werfen Sie alte Kleidung in die Altkleider-Container.
- Nutzen Sie Leihsysteme und Tauschbörsen.

Gebrauchtes wieder verwenden

Auch Papier ist Müll

Auch für
Papier werden
Regenwälder
vernichtet

Die Österreicher verbrauchen pro Kopf und Jahr zwischen 225 und 250 kg Papier. Zum Vergleich: In Afrika beträgt der Pro Kopf-Verbrauch 6 kg. Jährlich werden weltweit rund 338 Mio. Tonnen Papier verbraucht – Tendenz steigend! Der immense Verbrauch ist mitverantwortlich für die Vernichtung der letzten Urwälder, nicht nur in tropischen Ländern, sondern auch in Russland oder Skandinavien. In Indonesien werden jährlich rund eine Million Hektar Regenwald abgeholzt, um Plantagen für die Papier- und Palmölproduktion anzulegen. Einer der größten Regenwaldvernichter ist der Papierkonzern APP (Asia Pulp and Paper). APP zerstört Wälder, die für den Klima- und Artenschutz von herausragender Bedeutung sind.

Ein großer Teil des verbrauchten Papiers sind Hygieneartikel wie Toilettenpapier, Servietten oder Taschen- und Wischtücher. Allein in Europa werden jährlich 22 Milliarden Rollen Toilettenpapier verbraucht. Für dieses Wegwerfprodukt wird meist hochwertige Holzfaser verwendet, die zu einem hohen Anteil aus illegalem Holzeinschlag stammt. Gängige Marken gehören großen Konzernen an, die 70 Prozent des globalen Marktes beherrschen und dafür Millionen Bäume fällen lassen.

Die Alternative: Recyclingpapier. Papier lässt sich theoretisch bis zu fünf Mal wiederverwerten. In der Praxis werden dem aufbereiteten Altpapier jedes Mal längere, frische Fasern zugesetzt. Für Recyclingpapier braucht man nur etwa ein Drittel der Energie und nur 15 Prozent des Wassers, das für Frischfaserpapier benötigt wird. Zudem werden die Gewässer um 95 Prozent weniger belastet.

„Sauberes" Papier

Recyclingpapier mit dem Österreichischen Umweltzeichen hat viele Vorteile: Alle Produkte sind zu 100 Prozent aus Altpapier hergestellt. Das schont die Wälder, verringert die Müllberge, reduziert die Emission von Treibhausgasen, senkt den Wasserverbrauch und verringert die Abwasserbelastung. Bei der Produktion ist der Einsatz von gesundheitsschädigenden oder umweltgefährdenden Chemikalien wie z.B. Chlor oder Chlorverbindungen verboten oder strikt beschränkt. Strenge Abluft- und Abwasseremissionswerte werden eingehalten, in der Endfertigung dürfen nur Klebstoffe auf Wasserbasis verwendet werden.

Was Sie tun können

- Bestellen Sie unerwünschte Werbung ab: Ein Eintrag in die Robinsonliste schützt vor persönlich adressiertem Werbematerial. Schicken Sie eine formlose Mitteilung mit Angabe Ihres Namens und Ihrer Adresse an: WKO – Fachverband Werbung und Marktkommunikation, Wiedner Hauptstraße 63, 1040 Wien; E-Mail: werbung@wko.at.
- Drucken Sie Schriftstücke nur aus, wenn es unbedingt notwendig ist.
- Versenden Sie Post möglichst per E-Mail oder mit elektronischem Fax – das spart neben Papier auch CO_2, das bei der Post für Transport und Versand entsteht.
- Seien Sie bei Geschenkverpackungen kreativ: Wiederverwendbare Taschen, schöne Stoffe oder buntes Zeitungspapier sind eine originelle Alternative zu gekauftem Geschenkpapier.
- Tetrapaks nach Möglichkeit durch Mehrwegprodukte ersetzen, da sie durch das enthaltene Verbundmaterial schwer zu recyceln sind.
- Ersetzen Sie Küchenrollen durch waschbare Küchentücher.
- Achten Sie bei Papier aus Holzstoff darauf, dass die Holzfasern aus zertifizierter Waldwirtschaft (FSC-Siegel) oder aus der Holzverwertung stammen.
- Achten sie darüber hinaus auf anerkannte Label wie das Österreichische Umweltzeichen, das EU-Ecolabel oder den Blauen Engel.

Plastic World

Wir leben in einer Plastikwelt. Ob Zahnbürste, Lebensmittelverpackungen oder Kinderspielzeug – unzählige Gebrauchsgegenstände werden aus dem vermeintlich praktischen Kunststoff angefertigt. Das Problem dabei: Die meisten Kunststoffe geben über die Zeit viele ihrer chemischen Zusatzstoffe an die Umwelt ab. Egal ob das Plastik dann als Verpackung dient oder schon als Abfall im Meer treibt – die Chemikalien belasten unsere Gesundheit und das Ökosystem.

Kleine Plastik-Kunde

Plastik ist der umgangssprachliche Ausdruck für Kunststoffe aller Art. Synthetische Kunststoffe werden aus Erdöl, Kohle und Erdgas gewonnen. Das für die Kunststofferzeugung am häufigsten verwendete Ausgangsprodukt ist Rohbenzin (Naphta). Etwa vier Prozent der aus den Raffinerien kommenden Erdölprodukte werden in der Kunststoffindustrie verbraucht. Die Hersteller von Plastikprodukten, z.B. Getränkeflaschen- oder auch Spielzeugproduzenten, kennen in vielen Fällen gar nicht die genaue chemische Zusammensetzung des angelieferten Kunststoffmaterials. Es sind gut gehütete Firmengeheimnisse der Kunststoffindustrie. Unzählige Kunststoffartikel mit bedenklichen Zusatzstoffen landen so – selbst wenn diese in der EU bereits verboten sind – in unseren Haushalten und der Umwelt.

Die Kunststoffindustrie verheimlicht Inhaltsstoffe

Den größten Anteil am Kunststoffverbrauch haben Verpackungen: mit 38 Prozent. Jährlich werden 600 Milliarden Plastikbeutel hergestellt und weggeworfen. Dass es auch anders geht, hat Irland bewiesen: Dort wurde mit einer Steuer auf Plastiksäcke der Verbrauch um 95 Prozent gesenkt.

Meer aus Plastik

Insgesamt 80 Prozent des Kunststoffmülls, die UNO spricht von weltweit jährlich rund 6 Millionen Tonnen, gelangen über Flüsse in die Ozeane. Die Meeresschutzorganisation Oceana schätzt, dass weltweit jede Stunde

Fabien Monteil/Shutterstock.com

rund 675 Tonnen Müll direkt ins Meer geworfen werden, die Hälfte davon ist aus Plastik. Laut einer Studie des Umweltprogramms der Vereinten Nationen (UNEP) treiben in jedem Quadratkilometer der Weltozeane bis zu 18.000 Plastikteile. Südöstlich von Hawaii hat sich in der Meeresströmung des Pazifiks ein gigantischer Müllwirbel gebildet, in dessen Zentrum drei Millionen Tonnen Plastikmüll rotieren. Laut Greenpeace fallen 267 verschiedene Tierarten weltweit dem Plastikmüll im Meer zum Opfer – darunter Schildkröten, Robben, Fische und Krebse. Jährlich verenden etwa 100.000 Meeressäuger dadurch qualvoll. Über eine Million Seevögel, wie z.B. Albatrosse, die die Plastikteile irrtümlich als Nahrung zu sich nehmen und damit ihre Küken füttern, sterben durch den Müll.

„Plastikmüll ist aber auch hierzulande ein Thema", sagt Konsumentensprecherin Sprinz von Greenpeace. „Auch in unseren Wäldern nehmen Vögel und andere Tiere Plastikteilchen mit der Nahrung auf."

Zahllose Meerestiere sterben jährlich durch Plastikmüll

Weichmacher überall

Problematisch für den Menschen sind vor allem die Kunststoffe Polyvinylchlorid (PVC) und Polycarbonat (PC). Weiches PVC enthält einen hohen Anteil schädlicher Weichmacher und andere bedenkliche Zusatzstoffe. Polycarbonat-Kunststoffe werden mithilfe von Bisphenol A (BPA) hergestellt. Diese Chemikalie kann sich aus dem Kunststoff lösen. Vor allem Kinder können größere Mengen der Stoffe aus Spielzeug und sonstigen Produkten aufnehmen – BPA ist für Babyfläschchen bereits EU-weit verboten, in Österreich auch für Schnuller und Beißringe. In Frankreich soll der Stoff ab Mitte 2015 überhaupt aus allen Lebensmittelverpackungen verbannt werden.

Weichmacher gefährden Ihre Gesundheit

Phthalate wie der Weichmacher Diethylhexylphthalat (DEHP) werden jährlich weltweit in einer Menge von zwei Millionen Tonnen erzeugt; 90 Prozent davon werden dem PVC als Weichmacher (in Konzentrationen bis zu über 50 Prozent der Gesamt-

Sandra Krautwaschl
...kommt weitgehend
ohne Plastik aus

Interview mit Sandra Krautwaschl

Nachdem sie im November 2009 den Dokumentarfilm „Plastic Planet" des Österreichers Werner Boote gesehen hatte, entschloss sich die Steirerin Sandra Krautwaschl zu einem ungewöhnlichen Experiment: Gemeinsam mit ihrem Mann und den drei Kindern wollte sie einen Monat lang auf jegliches Plastik in ihrem Haushalt und der unmittelbaren Umgebung verzichten. Aus dem Versuch wurde ein langfristiges Projekt: Bis heute lebt Familie Krautwaschl weitgehend ohne Plastik.

Frau Krautwaschl, wie fing alles an?

Am Beginn des Experiments wurde rasch klar, dass wir nicht auf alles verzichten können und wollen, das Kunststoff enthält. Ein Beispiel dafür sind Fahrräder und Fahrradhelme, aber auch Handys oder Computer. Wir konzentrierten uns daher auf die Vermeidung des Wegwerfplastiks im täglichen Gebrauch, also z.B. Lebensmittelverpackungen und Gebrauchsgegenstände in Bad oder Küche.

Was war am schwierigsten umzusetzen?

Bei den Hygieneartikeln wie z.B. Shampoos oder Putzmitteln haben wir recht schnell gemerkt, wie schwierig es ist, Produkte ohne Plastik zu finden! Eine Alternative für Shampoo ist beispielsweise Wascherde, die in Apotheken, Reformhäusern und Bio-Läden erhältlich ist. Aber auch Shampoo in Form von Seifen, z.B. von der Firma Lush, ist eine Alternative.

Können Sie uns noch ein Beispiel nennen?

Aus der Küche mussten alle Plastikbehälter raus. Ich bekam damals jede Menge alter Rex-Gläser, also Einkochgläser, von meiner Großmutter geschenkt. Heute benutzen wir nur noch Behälter aus Glas oder, für unterwegs, aus Edelstahl.

War die Umstellung mit großem finanziellen Aufwand verbunden?

Da wir nicht zu viel Geld ausgeben wollten, haben wir immer günstige Alternativen gesucht und auch gefunden.

Wo kaufen Sie Ihre Lebensmittel, die ja sehr oft in Plastik verpackt sind?

In kleineren Supermärkten, wo noch nicht alles verpackt ist, bei Bauern oder Bio-Läden, zum Teil aber auch in großen Supermärkten. Einmal pro Woche lassen wir uns von einem Bio-Bauern Obst und Gemüse liefern. Prinzipiell ist es uns sehr wichtig, Produkte aus der Region zu beziehen, nicht nur Lebensmittel.

Wie haben Ihre Kinder auf das Experiment reagiert?
Sie waren von Anfang an in alle Entscheidungen eingebunden. Bei unserem Jüngsten, dem damals siebenjährigen Leonhard, war Plastikspielzeug natürlich noch ein Thema – vor allem seine geliebte Ritterburg. Die wurde für einen Monat verräumt und danach war sie für ihn wie ein neues Spielzeug. Bei den älteren ist zurzeit eher das Handy ein Thema: Samuel ist jetzt fast 17 und hat seit eineinhalb Jahren ein – gebrauchtes – Handy. Marlene ist 14 und besitzt noch kein eigenes Handy; falls sie den Wunsch äußert, werde ich mit ihr darüber reden, ob das wirklich notwendig ist, und gegebenenfalls wieder ein gebrauchtes kaufen.

Es geht Ihnen also prinzipiell um bewussten Konsum?
Ja, wir hinterfragen immer wieder, was wir wirklich brauchen, und reden darüber auch mit unseren Kindern. Uns ist aber auch bewusst, dass es schwierig ist, von einem auf den anderen Tag komplett aus dem System auszusteigen. Auch einzelne, kleine Schritte können viel bewegen.

Haben Sie einen Tipp für unsere Leser?
Ich finde es wichtig, immer wieder bei Herstellern nachzufragen: Welche Weichmacher sind in Kunststoffprodukten enthalten? Unternehmen sind gesetzlich dazu verpflichtet, solche Produktanfragen zu beantworten.

Weitere Tipps für ein Leben ohne Plastik finden Sie auf der Website www.keinheimfuerplastik.at oder im Buch „Plastikfreie Zone" von Sandra Krautwaschl.

gpointstudio/Shutterstock.com

masse) zugesetzt und sind in Fußböden, Verkleidungen, Kunststoffbelägen und sonstigen Kunststoffartikeln enthalten. Phthalate kommen aber auch in vielen anderen Bereichen zum Einsatz, etwa bei der Herstellung von Insektiziden, Körperpflegemitteln, Medikamenten, Polstermöbeln und Textilien. Da sie aber im Kunststoff nicht chemisch gebunden sind, können sie auch wieder entweichen. So gelangen diese Verbindungen in die Raumluft und in den Hausstaub und können eine Belastung für die Gesundheit darstellen. Eine groß angelegte Studie an schwedischen Schulkindern zeigte einen klaren Zusammenhang von allergischen Symptomen und der Konzentration von Phthalaten im Elternhaus.

Chemie in Dosen

Christina Schröder/Südwind

Die Chemikalie Bisphenol A (BPA) steckt auch in Alu-Dosen. Eine Untersuchung des Umweltbundesamtes im Auftrag der niederösterreichischen Arbeiterkammer (AK NÖ) ergab: Fast alle geprüften Dosengetränke – Energydrinks, Softdrinks, Bier – wiesen Spuren von Bisphenol A auf. Am meisten belastet waren die Dosen von Red Bull Cola, Cappy Orange und Stiegl Radler. Insgesamt wurden 15 Getränke getestet, davon 11 in Alu-Dosen. Getränke aus PET-Flaschen und Glasflaschen dagegen waren BPA-frei.

Elektromüll

Alle paar Jahre ein Smartphone, den allerneuesten Flachbildfernseher oder den noch leistungsfähigeren Laptop – im Jahr 2010 wurden in Österreich rund 166.000 Tonnen Elektro- und Elektronikgeräte verkauft, davon 158.000 Tonnen Haushaltsgeräte. Die Jagd nach immer besseren und noch stylisheren Geräten hat Folgen: Bis zu 10 Millionen Tonnen Elektromüll werden jährlich in Europa produziert, bis zu 50 Millionen Tonnen fallen laut dem Umweltprogramm der Vereinten Nationen (UNEP) jährlich weltweit an. Allerdings wird nur ein Drittel des anfallenden Elektromülls ordnungsgemäß gesammelt und behandelt. Der Rest landet auf Mülldeponien oder wird unsachgemäß innerhalb und auch außerhalb der EU behandelt (Quelle: Europäische Kommission).

Laut Elektroaltgeräteverordnung aus dem Jahr 2005 können Elektro- und Elektronikaltgeräte aus privaten Haushalten kostenlos bei den Altstoff-Sammelzentren bzw. den Sperrmüllsammlungen der Gemeinden deponiert werden. Kleingeräte wie Handys werden auch bei Problemstoffstellen entgegengenommen. Beim Kauf eines neuen Gerätes kann man das alte Gerät direkt im Geschäft abgeben – bei Verkaufsstellen, die größer als 150 m² sind. Im Jahr 2010 wurden auf diese Weise rund 76.000 Tonnen Elektroaltgeräte gesammelt; Buch darüber führt die Elektroaltgeräte-Koordinierungsstelle (www.eak-austria.at). Wie viel Elektromüll aber tatsächlich im Jahr anfällt, ist nicht bekannt.

Elektromüll richtig entsorgen!

Auf den Müllhalden Afrikas

Aktivistinnen der entwicklungspolitischen Organisation Südwind fanden auf einer Recherchereise in Ghana heraus, was mit alten TV-Geräten, Computern oder Kühlschränken passiert: Sie werden von lokalen Händlern containerweise aufgekauft und an die Menschen vor Ort verscherbelt. Ob die Ware noch funktioniert, dürfen die Käufer nicht überprüfen. Alles, was sich nicht verkaufen lässt, landet auf den lokalen Müllhalden. Dort zerlegen Kinder und Jugendliche die Geräte mit bloßen Händen und verbrennen die Überreste, um an die Kupferkabel zu kommen, die sie für einen Hungerlohn weiterverkaufen. Tausende Menschen leben am Rande der Müllhalden in Slums. Durch das Verbrennen des Mülls sind sie ständig einem gefährlichen Giftcocktail ausgeliefert, der schlimme Atem- und Hautkrankheiten oder Krebs verursacht. Auch in Ländern wie China oder Indien wird Elektromüll zunehmend zu einem gesellschafts- und umweltpolitischen Problem.

Trotz gesetzlicher Regelungen, die die Ausfuhr von Elektromüll in Nicht-OECD-Länder verbieten, wird weniger als die Hälfte der in Umlauf gebrachten Geräte gesetzeskonform recycelt und gemeldet. Der Rest wird privat oder auf Deponien gelagert oder illegalerweise als Second-Hand-Ware deklariert. Als solche wird Elektromüll dann über Schrotthändler nach Afrika oder Asien verkauft. Das ist ein gutes Geschäft: Im Jahr 2005 wurden allein nach offiziellen Zahlen täglich 1.000 benutzte Fernsehgeräte von der EU nach Afrika verbracht (Quelle: European Environment Agency Report). Die Dunkelziffer dürfte wesentlich höher sein.

In fast allen Elektro- und Elektronikaltgeräten gibt es neben einem großen Anteil an relativ ungefährlichen Bestandteilen wie Kunststoffen oder Glas auch schadstoffhaltige Bauteile. Um die Freisetzung der Schadstoffe zu vermeiden, werden diese Bauteile in eigenen Anlagen demontiert und einer speziellen Aufarbeitung unterzogen. Recycling spielt jedoch nicht nur bei den wachsenden Müllbergen eine Rolle. In elektronischen Geräten werden sogenannte seltene Erden (eigentlich: Metalle der seltenen Erden) verarbeitet, deren Vorkommen durch den industriellen Abbau schon stark reduziert wurden. Das Recycling solcher Metalle wie Tantal, Neodym, Indium oder Yttrium steckt noch in den Kinderschuhen.

Elektrogeräte enthalten oft Schadstoffe, aber auch wertvolle Rohstoffe

Der Preis für Ruthenium (in Festplattenlaufwerken) hat sich in nur einem Jahr versiebenfacht. Diese Stoffe sind nicht nur wertvoll, sondern zum Teil auch giftig. Durch entsprechende Recyclingverfahren könnte ein Großteil dieser Rohstoffe wiederverwendet und die Versorgung somit sichergestellt werden.

Tipp: REdUSE ist ein Projekt der Umweltschutzorganisation GLOBAL 2000, das Bewusstsein für Europas Ressourcenkonsum und dessen negative Auswirkungen auf Umwelt und Gesellschaft in den armen Ländern schaffen möchte.

Geplante Obsoleszenz

Viele Hersteller bauen bewusst Schwachstellen in Produkte ein und sorgen auf diese Weise dafür, dass sie schneller kaputt werden. Reparieren ist übermäßig teuer oder gar nicht möglich.

Ein Paradebeispiel für diese sogenannte „geplante Obsoleszenz": Beim iPod Shuffle der Firma Apple kostete der Batteriewechsel 56,90 Euro, der Neupreis lag jedoch bei 50 Euro. Andere Beispiele: Bei Waschmaschinen ist das Lager oft in einen Plastikbottich eingepresst; durch zu schwache Stoßdämpfer geht das Lager kaputt und kann nicht mehr getauscht werden. Eingepresste Grafikkarten in Laptops, fest eingebaute Akkus in Smartphones oder Tablet-PCs – die Liste ließe sich endlos fortsetzen.

Immer mehr Wissenschaftler halten die absichtliche Verkürzung der Lebensdauer von Produkten für eine notwendige Voraussetzung unseres wachstumsorientierten Wirtschaftssystems. Nur so könne das immerwährende Wachstum gewährleistet werden. Für die Umwelt und letztlich auch für die Menschheit hätte dies jedoch fatale Folgen, warnen sie und plädieren für eine radikale Abkehr vom Wachstumsdenken.

Auch die Konsumenten sind mit diesem Zustand höchst unzufrieden. In einer Umfrage der Zeitschrift KONSUMENT meinten 57 Prozent, Obsoleszenz sei der Normalfall; weitere 38 Prozent meinten, zumindest in manchen Branchen sei dies üblich. Demgegenüber hielten nur 1,2 Prozent der Umfrageteilnehmer die Obsoleszenz-Debatte für übertrieben oder glaubten, dass es sich nur um Einzelfälle handle. Eine klare Mehrheit (rund 60 Prozent) sprach sich für strenge Auflagen und Strafen für die Übeltäter aus, gleichzeitig wünscht man sich Gütesiegel für nachweislich haltbare Produkte.

Sepp Eisenriegler vom R.U.S.Z empfiehlt, beim Kauf von Haushaltsgeräten auf den Preis zu schauen: „Je teurer die Produkte, desto

Reparatur und Service Zentrum R.U.S.Z

Sepp Eisenriegler (Foto) hat das Reparatur und Service Zentrum (R.U.S.Z) 1998 als sozialökonomischen Betrieb gegründet und 2007 privatisiert. Die Mitarbeiter sind großteils ehemalige Langzeitarbeitslose, die hier zu Spitzentechnikern ausgebildet werden. Anlass für die Gründung war laut Eisenriegler, den Kundendiensten, die als verlängerter Arm der Verkaufsabteilungen agieren, etwas entgegenzusetzen – nämlich seriöse Reparaturdienstleistungen. „Länger nutzen statt öfter kaufen", lautet das Mission-Statement des R.U.S.Z, Ressourcenschonung und -effizienz ist das übergeordnete Ziel. Im Lager befinden sich rund 20.000 gebrauchte Ersatzteile für Haushaltsgeräte, die sonst oft nicht mehr erhältlich sind. Repariert werden hier TV-Geräte, Computer, Waschmaschinen oder Geschirrspüler. Bei Bedarf kommt auch ein Techniker ins Haus. Auch Second-Hand-Geräte bietet R.U.S.Z an: Auf Basis einer Kooperation mit der Stadt Wien erhält der Betrieb Elektroaltgeräte, die repariert und günstig zum Kauf angeboten werden. Nach dem Vorbild der von R.U.S.Z mitentwickelten Ö3-Wundertüte, dem weltweit erfolgreichsten Handy-Sammelsystem, läuft seit 2010 die Aktion „Spenden Sie Ihre alte Waschmaschine". Die reparierten Waschmaschinen werden zu einem günstigen Preis zum Kauf angeboten. Mit dem sogenannten „Waschmaschinentuning" bewies Eisenriegler außerdem, dass Energie- und Ressourceneffizienz kein Widerspruch sind: Es wurde eine Methode entwickelt, die den Wasserverbrauch von Waschmaschinen senkt und somit deren Energieklasse von D auf A verbessert. Das Projekt wurde vom Klima- und Energiefonds Österreich gefördert, für die Umsetzung bekam das R.U.S.Z den Energy Globe Award in der Kategorie Wasser. Als Experte für die „geplante Obsoleszenz" ist Sepp Eisenriegler bei Konsumenten und Medien gleichermaßen gefragt.

Karl Schreiner

hochwertiger und langlebiger sind sie im Allgemeinen auch." Wer nur auf den Preis achtet und nicht auf die Qualität, kauft in Wahrheit teuer, denn er muss sich schon nach wenigen Jahren nach Ersatz umschauen.

Leider kann man sich aber nicht darauf verlassen, dass alles Teure auch von hoher Qualität ist. Manchmal kann es auch genau umgekehrt sein. Hier hilft nur, sich vor dem Kauf möglichst bei verschiedenen Quellen zu informieren (Testberichte, Internet-Foren, Bekannte, Verkäufer).

Was Sie tun können

Jedes Jahr ein neues Handy?

- Überlegen Sie genau, ob Sie wirklich schon wieder ein neues Handy oder einen neuen Laptop brauchen.
- Aufladbare Akkus sind umweltfreundlicher als Batterien – Batterien unbedingt in speziellen Sammelboxen oder bei den Problemstoffstellen abgeben!
- Kümmern Sie sich um die richtige Entsorgung von Elektrogeräten: Bringen Sie alte Geräte zu den Mistplätzen oder Problemstoffsammelstellen.
- Lassen Sie kaputte Geräte wenn möglich reparieren.

Gibt es überhaupt noch Betriebe, die Geräte reparieren? Eine Orientierungshilfe bieten die Reparaturführer für Wien bzw. ganz Österreich, die Betriebe über alle Branchen hinweg auflisten; oder für Wien auch der Reparatur-, Verleih- und Gebrauchtwarenführer „So gut wie neu!" (► Links am Kapitelende).

Leider sind die lokalen Netzwerke derzeit noch sehr lückenhaft. Es gibt, vor allem außerhalb Wiens, wesentlich mehr Reparaturbetriebe, als im Reparaturführer angegeben. Gerade Schuster und Schneider werden sich in vielen Städten oder Stadtteilen finden. Ein Blick ins Branchenverzeichnis der Telefonbücher lohnt sich.

Benutzen statt besitzen

Das Konzept der gemeinschaftlichen Nutzung ist nicht wirklich neu: Büchereien, Wohngemeinschaften oder Waschsalons hat es auch in früheren Zeiten schon gegeben. Die Idee dahinter: Ressourcen gemeinsam zu nutzen, um Kosten zu sparen und die Umwelt zu schonen.

Wachstumskritiker wie der deutsche Ökonom Niko Paech sehen das Ende unseres wachstumsorientierten Wirtschafts- und Gesellschaftssystems gekommen. In seinem Buch „Befreiung vom Überfluss" erklärt der Wirtschaftswissenschaftler Paech, wie man mit reduziertem Konsum und weniger Geld glücklich wird. Das „Time"-Magazin bezeichnet die sogenannte „Collaborative Consumption" als eine von zehn Ideen, die die Welt verändern werden – als Maßnahme, um Ressourcen und Umwelt zu schonen.

Das Ende der wachstumsorientierten Wirtschaft naht

Teilen kann man mittlerweile so gut wie alles, und durch Internet und soziale Netzwerke haben Sharing-Modelle wie Bookcrossing, Couchsurfing und das Carsharing eine neue Dimension erreicht. Selbst „mitbahnen" ist möglich – hier können Mitreisende für die Bahn gesucht werden, um die Tarife von Gruppentickets zu teilen.

Immer mehr Initiativen bieten Produkte wie Haushaltsgeräte, Lifestyle-Artikel oder Kleider zum Verleih oder Tausch an (z.B. frents.de). Der Gedanke dahinter: Um ein Loch in die Wand zu bohren, brauche ich einen Bohrer – aber muss ich gleich einen kaufen, um einmal im Jahr ein Loch zu bohren?

Tauschen und teilen ist angesagt

Auch Tauschbörsen schießen wie Schwammerln aus dem Boden: So gehören Kleidertauschpartys, bei denen Freunde und Bekannte zusammenkommen, um nicht mehr getragene Kleidung zu tauschen, schon fast zum guten Ton. Tauschkreise bieten Waren und Dienstleistungen zum Tausch an. Jeder kann Tauschbörsen gründen, beispielsweise unter Nachbarn oder Freunden.

Die gemeinschaftliche Nutzung bringt ein neues Zusammengehörigkeitsgefühl mit sich: Man tauscht nicht nur Produkte oder Dienstleistungen, sondern auch Erfahrungen aus und lernt dabei Gleichgesinnte kennen.

Und wenn es doch einmal notwendig ist, etwas zu kaufen, müssen es nicht immer neue Produkte sein: Zahlreiche Online-Anbieter wie eBay, willhaben.at oder flohmarkt.at bieten Waren an, die meist wenig ge-

Quautschen macht Mode

Im Wohnzimmer stapeln sich Kleider, Bücher und Gebrauchsgegenstände, nebenan wird geplaudert: Christina Schröder hat eine private Tauschbörse ins Leben gerufen. Seit einem Jahr treffen sich regelmäßig Freunde und Bekannte in der Wohnung der Wienerin und bringen Dinge mit, die sie nicht mehr brauchen. Aus der Kombination von Tauschen und Quatschen wurde „Quautschen". „Das Schöne daran ist, dass ein anderer sich über etwas freut, das ich sowieso nicht mehr brauche", so Schröder. Nicht nur Kleider, sondern auch Kaffeemaschinen oder Blumenbewässerungssysteme wechseln hier den Besitzer. „Es geht nicht um den materiellen Wert der Dinge, sondern eher um den emotionalen. Indem ich mir überlege, was ich wirklich brauche, wird mir auch der Wert bewusster." Ziel: das Überdenken der eigenen Bedürfnisse. Hier kommt Schröders beruflicher Hintergrund ins Spiel: „Ich beschäftige mich bei meiner Arbeit viel mit ausbeuterischen Arbeitsbedingungen, vor allem in der Bekleidungsbranche, und möchte dem etwas entgegensetzen. Der Irrsinn ist: Wir kaufen ein T-Shirt um fünf Euro, um es dann einmal anzuziehen! Diese Fast Fashion und Schnäppchen-Mentalität kann auf Dauer niemanden befriedigen." Aber nicht nur materielle Dinge finden beim Quautschen neue Besitzer, auch Dienstleistungen werden angeboten: Auf einer Pinnwand gibt es eine „Suche"- und eine „Biete"-Rubrik: Hier werden beispielsweise Mitfahrgelegenheiten gegen Massagen getauscht. Den Abschluss des Quautschens bildet die sogenannte „Anpreisrunde": Hier versuchen alle noch einmal unter Aufbietung all ihres verkäuferischen Talents, ihre mitgebrachten Sachen anzubringen. **Christina Schröder** leitet die Öffentlichkeitsarbeit von Südwind, ist Chefredakteurin des Magazins „WeltverbesserIn" und arbeitet u.a. in der Clean Clothes Kampagne mit.

Anpreisrunde beim Quautschen

braucht oder sogar neuwertig sind. Auf Flohmärkten und in Second-Hand-Läden gibt es Kleidung, Geschirr oder Gebrauchsgegenstände oft zu Spottpreisen; manche wohltätige Organisationen verkaufen Second-Hand-Ware für einen guten Zweck (z.B. Carla Flohmarkt der Caritas).

In den sogenannten Umsonstläden kann man funktionstüchtige Dinge abgeben, die man nicht mehr benötigt, und im Gegenzug andere Waren mitnehmen. Auch gebrauchte Handys, Fernsehgeräte oder Waschmaschinen gibt es schon zu kaufen, etwa in ReUse-Läden wie dem R.U.S.Z (► Kasten Seite 141).

Links

Ich will Mehrweg
http://marktcheck.greenpeace.at/ich-will-mehrweg.html

Richtig sammeln
www.richtigsammeln.at

REdUSE
www.reduse.org

Umweltberatung
www.umweltberatung.at

Plastikfrei
http://plastikfrei.at

Österreichisches Umweltzeichen
www.umweltzeichen.at

R.U.S.Z
www.rusz.at

Reparaturführer Wien
www.reparaturnetzwerk.at
www.falter.at > Reparaturführer

Reparaturführer Österreich
www.repanet.at

Bookcrossing
www.bookcrossing.com

Couchsurfing
www.couchsurfing.com

Carsharing
www.carsharing.at

Caruso Carsharing (von privat an privat)
http://carusocarsharing.com

Mitbahnen
www.mitbahnen.de

Tauschbörsen
http://tauschkreis.at
www.kleiderkreisel.at

Umsonstläden
www.umsonstladen.at

Ethik-Tests und -Reports aus KONSUMENT

Zusammenfassung aller Beiträge auf
www.konsument.at > Ethik

Service

Literatur

Allgemein

Nachhaltig leben: 25 Vorschläge für einen verantwortungsvollen Lebensstil. Robert-Jungk-Bibliothek für Zukunftsfragen, Salzburg — **Holzinger H (2002)**

50 Einfache Dinge, die Sie tun können, um die Welt zu retten und wie Sie dabei Geld sparen. Heyne, Frankfurt am Main — **Schlumberger A (2004)**

Der grüne Guide: Der erste große Ratgeber für ein nachhaltiges Leben. PRIMA VISTA, Wien — **Zappella-Kindel C, Kindel G (2010)**

Unternehmen/ Globalisierung

Das neue Schwarzbuch Markenfirmen. Deuticke, Wien — **Werner-Lobo K, Weiss H (2010)**

Schwarzbuch Öl. Deuticke, Wien — **Werner-Lobo K, Seifert T (2008)**

Uns gehört die Welt! Macht und Machenschaften der Multis. Hanser, Berlin — **Werner-Lobo K (2010)**

Wirtschaft

Gemeinwohl Ökonomie. Deuticke, Wien — **Felber C (2012)**

Die Verantwortung des Konsumenten: Über das Verhältnis von Markt, Moral und Konsum. Campus, Frankfurt — **Heidbrink L, Schmidt I, Ahaus B (2011)**

Befreiung vom Überfluss. Oekom, München — **Paech N (2012)**

Greenwashing

Die Ökolüge. Wie Sie den grünen Etikettenschwindel durchschauen. Econ, Düsseldorf — **Kreutzberger S (2009)**

Grün, grün, grün ist alles, was wir kaufen: Lügen, bis das Image stimmt. KiWi Paperback, Köln — **Staud T (2009)**

Essen und Trinken

Duve K (2012)	Anständig essen. Ein Selbstversuch. Goldmann, München
Foer J S (2012)	Tiere essen. Fischer, Frankfurt am Main
Idel A (2010)	Die Kuh ist kein Klima-Killer! Wie die Agrarindustrie die Erde verwüstet und was wir dagegen tun können. Metropolis, Marburg
Kunz M, Varga-Kunz S, Fehlhaber K (2013)	Verwenden statt verschwenden! Nachhaltig mit Lebensmitteln umgehen. Mosaik, München

Lifestyle

Brodde K (2009)	Saubere Sachen: Wie man grüne Mode findet und sich vor Öko-Etikettenschwindel schützt. Ludwig, Kiel
Engelhardt A (2012)	Schwarze Baumwolle: Was wir wirklich auf der Haut tragen. Deuticke, Wien

Müll vermeiden

Ehgartner B (2013)	Dirty Little Secret – Die Akte Aluminium. Ennsthaler, Steyr
Krautwaschl S (2012)	Plastikfreie Zone. Heyne, München

Wohnen und Garten

Müller C (2011)	Urban Gardening – Über die Rückkehr der Gärten in die Stadt. Oekom, München

KONSUMENT-Publikationen

Kisser E (2010)	Wohnen ohne Gift, 3. Auflage. Verein für Konsumenteninformation, Wien
Spreitzer S (2013)	Das KONSUMENT-Sparbuch. Verein für Konsumenteninformation, Wien
Testmagazin KONSUMENT	Ethik-Tests und -Reports aus KONSUMENT im Überblick auf www.konsument.at/ethik

Filme

Plastic Planet. Österreich	**Boote W** (2012)
Kaufen für die Müllhalde. Frankreich, Spanien	**Dannoritzer C** (2010)
Unser Täglich Brot. Österreich	**Geyrhalter N** (2005)
Workingman's Death. Österreich	**Glawogger M** (2005)
Eine unbequeme Wahrheit. USA	**Gore A** (2006)
Planet ReThink. Dänemark	**Hardt E** (2012)
More than Honey. Schweiz, Deutschland, Österreich	**Imhoof M** (2012)
Food Inc. – Was essen wir wirklich? USA	**Kenner R** (2010)
Fast Food Nation. USA	**Linklater R** (2006)
Darwin's Nightmare. Österreich	**Sauper H** (2006)
Abgefüllt. USA	**Soechtig S, Lindsey J** (2009)
Supersize Me. USA	**Spurlock M** (2004)
Taste the Waste. Deutschland	**Thurn V** (2011)
We Feed the World. Österreich	**Wagenhofer E** (2006)

Bundesministerium für Land- und Forstwirtschaft, Umwelt und Wasserwirtschaft
Abt. II/3 Nachhaltige Entwicklung und Umweltförderpolitik
(für den Inhalt verantwortlich)
Stubenbastei 5, 1010 Wien
E-Mail: bewusstkaufen@lebensministerium.at

Bewusst kaufen

Ratgeber für nachhaltiges Einkaufen
www.bewusstkaufen.at

Alle Gütesiegel auf einen Blick
www.bewusstkaufen.at/label-kategorien.php

Organisation der österreichischen Biobäuerinnen und Biobauern

BIO AUSTRIA

Theresianumgasse 11, 1040 Wien
Tel. 01 403 70 50   Fax 01 403 70 50 190
.E-Mail: sekretariat@bio-austria.at

Büro Wien

Ellbognerstraße 60, 4020 Linz
Tel. 0732 654 884   Fax 0732 654 884-140
E-Mail: office@bio-austria.at   www.bio-austria.at

Büro Linz

Laudongasse 40, 1080 Wien
Tel. 01 405 55 15-0   Fax 01 405 55 19
E-Mail: office@cleanclothes.at   www.cleanclothes.at

Clean Clothes Kampagne

Tel. 0676 83 688 586

„die umwelt-beratung"

E-Mail: burgenland@umweltberatung.at

Burgenland

E-Mail: kaernten@umweltberatung.at

Kärnten

Grenzgasse 10, 3100 St. Pölten
Tel. 02742 718 29   Fax 02742 718 29-120
E-Mail: umweltbildung@umweltberatung.at

Niederösterreich

Tel. 0676 66 88 583
E-Mail: oberoesterreich@umweltberatung.at

Oberösterreich

Buchengasse 77/4, 1100 Wien
Tel. 01 803 32 32   Fax 01 803 32 32-32
E-Mail: service@umweltberatung.at   www.umweltberatung.at

Wien

Europäisches Zentrum für erneuerbare Energie (EEE)	Europastraße 1, 7540 Güssing Tel. 03322 90 10 850 20 Fax 03322 90 10 850 10 www.eee-info.net/cms
FAIRTRADE Österreich	Verein zur Förderung des fairen Handels mit den Ländern des Südens Neulinggasse 29/17, 1030 Wien Tel. 01 533 09 56 Fax 01 533 09 56-11 E-Mail: office@fairtrade.at www.fairtrade.at
Greenpeace Zentral- und Osteuropa	Fernkorngasse 10, 1100 Wien Tel. 01 545 45 80 Fax 01 545 45 80-98 E-Mail: service@greenpeace.at www.greenpeace.at
GLOBAL 2000/Friends of the Earth Austria	Neustiftgasse 36, 1070 Wien Tel. 01 812 57 30 Fax 01 812 57 28 www.global2000.at
klima:aktiv Dachmanagement	Österreichische Energieagentur Mariahilfer Straße 136, 1150 Wien Tel. 01 586 15 24-0 E-Mail: klimaaktiv@energyagency.at www.klimaaktiv.at
Österreichischer Alpenverein	Olympiastraße 37, 6020 Innsbruck Tel. 0512 59547 Fax 0512 59547-50 E-Mail: office@alpenverein.at www.alpenverein.at
Österreichisches Ökologie-Institut	Seidengasse 13, 1070 Wien Tel. 01 523 61 05-0 Fax 01 523 58 43 E-Mail: oekoinstitut@ecology.at www.ecology.at
R.U.S.Z – Reparatur- und Service Zentrum	Verein zur Förderung der Sozialwirtschaft Lützowgasse 12–14, 1140 Wien Tel. 01 982 16 47 Fax 01 982 16 47-18 E-Mail: office@rusz.at www.rusz.at
SERI – Nachhaltigkeitsforschungs und -kommunikations GmbH (Sustainable Europe Research Institute)	Garnisongasse 7/17 1090 Wien Tel. 01 969 07 28-0 Fax 01 969 07 28-17 E-Mail: office@seri.at http://seri.at
Südwind Agentur	Laudongasse 40, 1080 Wien Tel. 01 405 55 15-0 Fax 01 405 55 19 www.suedwind-agentur.at

Bundesministerium für Land- und Forstwirtschaft, Umwelt und Wasserwirtschaft
Abt. V/3 Betrieblicher Umweltschutz und Technologie
Stubenbastei 5, 1010 Wien
Tel. 01 515 22-0
E-Mail: info@umweltzeichen.at   www.umweltzeichen.at

Umweltzeichen

Bräuhausgasse 7–9, 1050 Wien
Tel. 01 893 26 97   Fax 01 893 24 31
E-Mail: vcoe@vcoe.at   www.vcoe.at

**VCÖ – Mobilität
mit Zukunft**

Linke Wienzeile 236, 1150 Wien
Tel. 01 895 02 02-0   Fax 01 895 02 02-99
E-Mail: office@vier-pfoten.at   www.vier-pfoten.at

**Vier Pfoten – Stiftung
für Tierschutz**

Testmagazin KONSUMENT
Mariahilfer Straße 81, 1060 Wien
Tel. 01 588 77-0   Fax 01 588 77-73
E-Mail: konsument@vki.at   www.konsument.at

**VKI – Verein
für Konsumenten-
information**

Österreichische Messe für faire und ökologische Mode
Tabakfabrik Linz
Ludlgasse 19, 4020 Linz
www.wearfair.at

Wear Fair

Ottakringer Straße 114–116, 1160 Wien
Tel. 01 488 170 0   Fax 01 488 17- 44
E-Mail: wwf@wwf.at   www.wwf.at
WWF – Patenschaften: www.patenschaft.at

WWF Österreich

Globale Netzwerke

Internationale Bewegung, die sich für eine demokratische
und sozial gerechte Gestaltung der globalen Wirtschaft einsetzt
Margaretenstraße 166/3/25, 1050 Wien
Tel. 01 544 00 10   Fax 01 544 00 59
E-Mail: infos@attac.at   www.attac.at

Attac

Weltweites Kampagnen-Netzwerk
www.avaaz.org/de

Avaaz

Weltweites Kampagnen-Netzwerk
www.campact.de

Campact

Räumt mit dem Mythos auf, Sklaverei sei ein Übel der Vergangenheit
https://slaveryfootprint.org

Slavery Footprint

Wohnen ohne Gift, 3. Auflage

Dicke Luft in den eigenen vier Wänden: Das Buch zeigt, wie man mögliche Schadstoffquellen erkennen und sein Heim so gestalten kann, dass man sich wohlfühlt und keinen unnötigen Risiken ausgesetzt ist. Außerdem: Umfangreicher Serviceteil mit Literatur, Adressen und Links zum Thema.

ISBN 978-3-902273-94-9
148 Seiten, Flexcover, € 14,90

Gesund einkaufen, 2. Auflage

Qualität bei Obst und Gemüse, Milch, Fleisch und Fisch erkennen. Wie Sie Fertigprodukte in Ihren Speiseplan einbauen und Wissenswertes über Light-Produkte, Functional-Food, E-Nummern und Gentechnologie. Außerdem: Produktionsweise und Herkunft von Lebensmitteln und Gütesiegel.

ISBN 978-3-99013-027-8
156 Seiten, brosch., € 14,90

Energiesparen – ganz einfach!

Sparen – und damit auch Klima schützen – ist angesagt. Hier erfährt man, wie einfach es ist, den Verbrauch in vielen Bereichen ohne Komfortverlust zu senken. Außerdem: Wie man vorgeht, wenn größere Investitionen anstehen und welche Förderungen es für Energiesparmaßnahmen gibt.

ISBN 978-3-902273-81-9
148 Seiten, brosch., € 14,90

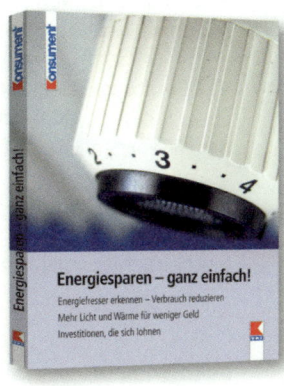

Weitere KONSUMENT-Bücher im Buchhandel oder im Online-Shop auf www.konsument.at

Das österreichische Testmagazin

Ihr Ratgeber für den täglichen Einkauf.
Jeden Monat mit Tests, Reports und Analysen.
Ohne Inserate, deshalb unabhängig von Firmen.
Nur dem Leser verpflichtet.

Beratung & Konsumentenschutz

Wir beraten Sie vor und nach dem Kauf.
Und helfen Ihnen, zu Ihrem Recht zu kommen.
In **Musterprozessen** zeigen wir Missstände auf.
Besserer Konsumentenschutz ist das Ziel.

Test-Urteile

Test ist nicht gleich Test.
Nur Konsumentenschutzorganisationen wie der VKI prüfen
nach international anerkannten Standards. Deshalb ist auf
unsere Testergebnisse Verlass. Strenge Qualitätsrichtlinien
zeichnen unsere Arbeit aus.

Wir sind für Sie da

VKI Infoservice
Allgemeine Auskünfte, Info-Folder unserer
Beratungs- und Informationsangebote (kostenlos) Tel. 01 588 77-0
Abonnentenservice, Buchbestellungen Tel. 01 588 774

VKI Beratung (telefonische Hotline; Mo–Fr 9–15 Uhr)
Erster Rat (max. € 0,82/min) Tel. 0900 310 015
Bauen/Wohnen/Finanzieren (max. € 1,36/min) Tel. 0900 410 015

Persönliche Beratung (Terminvereinbarung, Kostenbeitrag € 15.–)
Wien: Mariahilfer Straße 81, Tel. 01 588 77-0 (Mo–Fr 9–16 Uhr, Mo, Mi bis 20 Uhr)
Innsbruck: Maximilianstraße 9, Tel. 0512 58 68 78 (Mo–Do 8–12 Uhr)

Besuchen Sie uns im Internet **www.konsument.at**